SHODENSHA
SHINSHO

英国人記者が見た

国戦勝史観の虚妄

リー・S・ストークス

祥伝社新書

まえがき

私が『フィナンシャル・タイムズ』東京支局の初代支局長として、初めて日本の土を踏んだのは、一九六四（昭和三十九）年、ちょうど東京オリンピックが開催された年だった。以来、日本にとどまること五〇年、いまでは外国特派員協会でも、最古参だ。

イギリスで生まれ育った私は、幼少のころから日本人は野蛮で残酷な民族であると、さんざん聞かされていた。ちょうど当時の日本人が「鬼畜《きちく》米英」と聞かされていたのと同じことだ。戦後になっても、日本のおかげでアジアの植民地をすべて失ったイギリスの、日本に対する憎悪の感情は消えるばかりか、強まるばかりだった。そんな環境の中で、私の中にも、日本を憎む気持ちが、ごく自然に醸成されていた。

したがって、来日当初は東京裁判が裁いた「日本＝戦争犯罪国家論」「南京大虐殺」についても事実であると単純に信じていて、何ら疑っていなかった。

だが日本に滞在する間に、連合国からの視点でもなく、日本からの視点でもない第三者的視点で、二十世紀の日本とアジアの歴史を俯瞰《ふかん》したとき、そうした見方が大きな誤りであることに気付いた。三島由紀夫《みしまゆきお》氏と親交を得たことも大きかった。

大東亜戦争は、日本の自衛のための戦いだった。それは戦後マッカーサーがアメリカに戻って議会で証言した「マッカーサー証言」によっても明らかだ。東京裁判は裁判の名にも値《あたい》しない、無法の復讐劇だった。「南京大虐殺」にしても、信用できる証言は何一つとしてなく、それればかりか中国が外国人記者や企業人を使って世界に発信した謀略宣伝《プロパガンダ》であることが明らかになっている。「慰安婦問題」については、論ずるにも値しない。

だが、これまで日本人が日本の立場から、これらに抗議し糺《ただ》していく動きはほとんど見られないか、見られてもごくわずかだった。いま国際社会で「南京大虐殺はなかった」と言えば、もうその人は相手にされない。ナチスのガス室を否定する人と同列に扱われることになる。残念ながら、これは厳粛なる事実だ。だから慎重であらねばならない。だが、日本が日本の立場で、世界に向けて訴え続けていかなければ、これは歴史的事実として確定してしまう。日本はこれまでこうした努力が、異常に少なかった。

日本は相手の都合を慮《おもんぱか》ったり、阿諛追従《あゆついしょう》する必要はない。アメリカはアメリカの立場で、中国は中国の立場で、日本は日本の立場でものを言う。当然それらは食い違う。だが、それでいいのだ。世界とはそういうものである。日本だけが物わかりのいい顔をしていたら、たちまち付け込まれてしまう。

もう一つ私が声を大にして言いたいのは、「南京」にせよ「靖国参拝問題」にせよ「慰安婦問題」にせよ、現在懸案になっている問題のほどんどは、日本人の側から中国や韓国に嗾《けしか》けて、問題にしてもらったのが事実だということだ。この問題をどうするか、それは日本人が自分で考えなければならない。

日本人は、いまだに連合国がでっち上げた「戦勝国」史観の呪《のろ》いから脱け出していない。本書が、その束縛から逃れる一助となれば幸いである。

最後に私の原稿や口述を翻訳・整理する労を執ってくれた藤田裕行《ふじたひろゆき》氏に厚く感謝したい。

二〇一三年十一月二十五日

ヘンリー・スコット・ストークス

目次

第三章　三島由紀夫が死を賭《と》して問うたもの

第四章　橋下市長の記者会見と慰安婦問題

第五章　蔣介石、毛沢東も否定した「南京大虐殺」

終章　日本人は日本を見直そう

第一章　故郷イギリスで見たアメリカ軍の戦車

遠い世界としての第二次世界大戦

私は一九三八（昭和十三）年六月十五日に、生まれた。

その前年の十二月十三日に、日本軍によって中国国民党政府の首都南京《ナンキン》は、陥落した。いってみれば、私は南京陥落の頃に身ごもった「南京ベイビー」で、そんな私がこの本を出版するのは、不思議な宿命なのかもしれない。

私の父のハリー・スコット・ストークスは、私が生まれたちょうどその時に、クリケットを楽しんでいた。父は初めての息子が生まれたことに、大喜びだった。

息子に会いたい一心で、あわてて車を運転したのだろう、父は用水路に車ごと落ちてしまった。たいした怪我《けが》もなく、今では笑い話となっている。

私が生まれ育ったのは、自然が瑞々《みずみず》しいロンドンから西へ車で五時間ほど行った郊外で、英国のほんとうにのんびりとした田舎だった。

中国に日本が進攻し、アジアで戦乱が始まった頃だったが、ロンドンの郊外はまったくのんびりしたものだった。のどかで平和な日々を過ごしていた。

英国の田舎町の平穏な生活と中国で起こっていた戦争という、この二つの世界の現実は対照的で、大きな隔《へだ》たりがあった。

日本にとって、戦争は大きな出来事だったろう。一九三七（昭和十二）年末から、私が生まれた三八年は、アジアでそうした戦闘が拡大していった時期だった。

幼い頃の私は、家で八人の女性に可愛がられて育った。五人の姉妹と、母と、乳母《うば》と、女中だった。

その頃、私の父はロンドンの陸軍省で、ほとんどの時を過ごしていた。そのため男一人で女性に取り囲まれて過ごしたので、甘やかされて育った。人間として、あまりにも「乳母日傘《おんばひがさ》」に育ってしまった。

環境に恵まれ、苦労なく育ったために、すべて物事は上手《うま》くゆくと思うようになった。愛想が良く、楽観的になり、人が困難だと思っている時も、何か問題が起こった時でも、どこかに良い解決策があるはずだと考えた。この性格は、両親から受け継いだものもあろうが、姉妹に可愛がられたことも影響していよう。

私が初めて家庭の外で教育を受けたのは、家から三キロほどのところにある幼稚園だった。母に見送られて家を出ると、グラストン・ベリーの商店街を歩き、丘を登って、幼稚園まで歩いて通った。

下の妹のチャリティーが三歳になると、一緒に幼稚園に通った。平和な田舎町での生活は、いまでも郷愁を感じる。いま、日本のメディアで活躍している私の独《ひと》り息子のハリーにも、私のこうした幼年時代を体験してほしかった。

父はわが家があるイギリス西部の田舎町の名士だった。五〇〇人ぐらいを雇用する、靴を製造する町で最も大きな会社を経営していた。学生時代は、奨学金を得てウィンチェスターの全寮制高校《ボーディング・スクール》に通い、さらに奨学金によってオックスフォード大学を卒業した。その後、イギリス軍大尉としてインドに四年駐留し、主計将校として勤務した。

五〇〇〇人ほどの人口の町だったが、町に父の名のハリー・スコット・ストークス（私の息子も同じ名）を冠《かん》した記念碑もある。

平和で穏やかな毎日を過ごしていた私たちに、青天の霹靂《へきれき》のような衝撃が訪れた。一九四四年六月のことだった。連合国軍のイギリスとアメリカがドイツを攻めるために、フランスのノルマンディに上陸したDデイの直前だった。

連合軍は、私が育ったのどかなグラストン・ベリーの町にも、やってきた。イギリスの南海岸へ向かうために、町を通過していったのだ。そして海を渡って、ドイツ軍に対してノルマンディ上陸作戦を展開した。

しかし、そうしたことは、その時の私にはまったくわからなかったし、ほとんどの英国国民も知らないことだった。作戦が漏《も》れないように、緘口令《かんこうれい》が出されていた。

ドイツ軍が後退していることや、ロシアがドイツ国内に進攻しつつあること、対日戦で連合国のアメリカがアジアで戦況を有利に展開していることは知っていたが、いったい何が起こっているのか、誰にも正確にはわかっていなかった。

私にとってそうした戦争の知識が、日常に入り込んでくることはなかった。しかし現実はイギリスがフランスやドイツで、あるいは中国、インドなどで激戦を行なっていたわけで、六歳の少年だった私は、いってみればこの時初めて戦争を体験することになったのだ。

戦争は日増しに激しくなっていた。結果がどうなるか、誰にもわからなかった。変化は日常生活に起こり始めた。食卓に、砂糖、バターといった日用品がなくなった。

子どもだったので、チョコレートなど甘いものを食べたかったし、ミルクもよく飲んだから、この変化に不安を感じた。もっとも、ミルクは家の周りに牛や羊がいて、不自由しなかった。「うちの町は、人口よりも、牛の数のほうが多い」と、言われたぐらいだ。

米軍戦車を目にしたときの衝撃

さて、私がショックと言ったのは、ある日、妹の手をとって幼稚園へ向かって歩いていたら、雷《かみなり》のような音がした。

最初、何の音だか解《わか》らなかった。聞いたことのない轟音《ごうおん》で、金属が激突するような音や、ゴロゴロという轟《とどろ》きが聞こえた。何かが道路の曲がり角の向こうから、近づいてきた。なんと、それは戦車だったのだ。

戦車が視界に入ってくると、轟音はますます激しくなった。戦車の側面には大きな白色の星が描かれ、アメリカ軍であることを示していた。それが、次々と一〇輌ほど連《つら》なって来る姿に、いまにもわれわれに向かって撃ってくるのではないかと恐怖を感じた。何のために戦車がこの町に来たのか知る由《よし》もなかったが、私はアメリカがヨーロッパを侵略しに来たと、思った。

妹と私はただ茫然《ぼうぜん》と立ち止まって、その怪物が通り過ぎてゆくのを見ていた。戦車の上には、若い兵士の姿が見えた。アメリカ兵は、とても不思議な空気を醸《かも》し出していた。

私たちが知っているイギリス兵とは、まったく違っていた。先頭の戦車のアメリカ兵は、宙に向かって手を振りながら、何かを言っていた。おそらく「ハーイ」などと、言っていたのだろう。私たちは、何と応《こた》えていいのかわからなかった。

彼らは私たちに向かって、何か小さな物を放り投げたのだ。私たちは、それが何だかわからなかったが、とにかく拾いに行った。

私はこの時、生まれて初めてチューインガムを手にした。アメリカ兵は立っている子どもに、チューインガムを無料で放り投げていた。私はそれに対して嬉しいと感じることなく、むしろ複雑な気持ちだった。

いまの私のアメリカに対する感情も、その時に感じた気持ちと似たものがある。とても不安《アンイージー》な感じで、どっちつかずで心落ち着かない感覚だ。素直に受け入れられない気持ちだ。

私はあの戦車を初めて見た時に、はるかに強大な力を感じた。アメリカが世界を完全に制圧しており、抵抗することは不可能だと思った。

それは笑顔だったからだ。アメリカ人はほんとうに楽しそうで、気軽だった。イギリスの戦車隊の兵士は、路の傍《かたわ》らに立っている少年少女に、けっしてチューインガムを放ったりしない。英国人はそんな行動をとらない。

この出会いは、まさに一期一会《いちごいちえ》のものだった。私たちを取り巻いている環境が急速に激変していたなかで、この一瞬に遭遇したのだった。

ある夜、私は姉妹と歩いて家に帰る途中に、北側の空を暗く赤い炎が焦《こ》がしていることに気づいた。ちょうどブリストル市がある辺《あた》りで、私は姉たちに「あれは何？　あの焰《ほのお》は？」と尋ねた。「ドイツがブリストル市を爆撃しているのよ」と、姉たちは答えた。

ブリストル市が炎上していたのだ。私は信じられなかった。何でドイツはそんなことをするのだと、怒りが込み上げてきた。

東京ではあの暗く赤い雲が、何百倍となって空を染めた。その圧倒的な力は、私が見た焰の比ではなかったろう。アメリカは、そういうことをするのだ。圧倒的な戦力で、制圧するのだ。

私は子どもとしてアメリカの戦車を見て、本能的にアメリカ軍がわれわれの国を支配するようになるのだと感じた。私たちが戦っていたドイツについてそう思ったのではなく、アメリカに対してそう直感した。そして今、アメリカは巨大な勢力となって、わが国イギリスをコントロールしている。実に不愉快なことだ。

アイダホか、ユタか、アーカンソーか、どこから来たか知らないが、アメリカの若造が戦車でやって来て、まるで王であるかのように振る舞っていた。私はあの若造たちが浮かべていた笑みを、今でも鮮明に憶えている。彼らは意気揚々としていた。

もうイギリスはアメリカに敵《かな》わないと悟った日

私は反米ではない。私は西部劇は大好きだったし、カウボーイとインディアンの対決に、心躍《おど》らせた。しかし同時にわが国が、それ以上にはるかに古いものだと思っていた。歴史を少し知っていた。

アメリカは一七七六年に独立した。アメリカ人は、もはやイギリスを必要としていなかった。自分の世界を欲していた。さらにいえば、イギリスが所有していた世界も、欲しかったのだ。

誰も彼らにノーと言える力が、なかった。当時、すでにアメリカが世界の軍事費の五〇パーセントを費やしていた。世界の安全保障の現実は、そこまで変化していた。私は当時、世界の現実など知らなかったが、子ども心にイギリスの時代が終わろうとしていると、感じた。

サッチャー元首相が他界したが、政権初期にフォークランド紛争が起こった。イギリス軍がフォークランド紛争を戦うために、アメリカの支援が必要だった。レーガン政権は、陰で状況をコントロールしていた。軍事インテリジェンスの力で、イギリスを圧倒的に上まわっていた。今日も、変わらない。考えようによっては、イギリスもアメリカに侵略されて、占領されていると言える。

アメリカのインテリジェンスは、世界中をカバーしている。アメリカは地球規模で衛星や航空機によって、世界を二四時間監視している。イギリスはアメリカの軍事力に匹敵する力を、持っていない。アメリカはいくつもの空母群すら、保有している。

年端《としは》もいかなかったが、私は一九四四年六月にアメリカの世界支配の時代が来ることを、直感した。

私はいままで子ども時代の体験を、公《おおやけ》にしたことはない。個人的なことだし、重要ではないと思っていた。しかし、世界の覇権がイギリスからアメリカへと移行する時期に、子どもでさえそう感じたことは、記録に残しておくべきだと思うようになった。世界の覇権の力の移行《パワーシフト》は、一瞬にして起こったと感じた。世界全体が軍事化しているということだった。アメリカは目に見えるかたちで、軍事力を強めていた。

私の故郷も、少なくとも八〇〇年の歴史を誇る町だった。そうしたことがまったく一顧《いっこ》だにされず、たかだか百数十年の歴史の国の若造に、戦車で乗り込まれたのだ。

戦車の上から、まるで王様のように手を振る若造を、私はすごいとも感じた。対戦車兵器を持っていない限り、戦車と人では戦いにならない。同時に私は笑顔を振りまく若造に、疑いを抱いた。

いったい、私たちの国の何をわかっていたのか。戦車で町を通りすぎて行ったが、そこがアーサー王ゆかりの伝説的な町であるなどということに、まったく頓着《とんちゃく》もせず、アメリカ文化を象徴するチューインガムを薄ら笑いをしながら、ばら撒《ま》いていった。

アジアで起こった大変動と日本

アジアではまったく違った状況が、展開していた。当時、アジアでいったい何が起こっていたか。アジアではアジア人のアジアという大きな潮流が起こり、ヨーロッパとはまったく違った局面が展開していた。

私は無知だったが、アジアもアメリカの影響力下に置かれていると思っていた。それが世界全体の趨勢《すうせい》であると、勘違いしていた。認識すらしていなかったのは、日本が驚くほどの勢いで、影響力を強めていたことだった。インドでは、第二次大戦が始まるまで、インド独立にはまだ数十年以上もかかると、インド人自身が思っていた。当然、大英帝国がずっと続くと考えていた。

しかし現実は、イギリスは大英帝国の「宝石」であるインドを失ってしまった。インド人が大英帝国と独立戦争を、戦ったからだった。

インドの民にとって、一気に独立の気運が高まり、アジアにおいて独立への流れが急速に強まる引き金となったのは、一九〇五年の日露戦争における日本の勝利、とくに日本海海戦の勝利だった。日本はアジア人を目覚めさせ、独立の気概をアジア人に植え付けた。日本の役割は絶大なものだったが、子どもだった私には、そんな認識はまったくなかった。

日本に原爆が落とされて、日本は終わったと思った。アジアだけでなく、世界に対してまったく影響力を持たなくなるだろうと思った。だが、そうはならなかった。その一方で、日本は多くの悪業を犯し、その報《むく》いによって罰せられたと、いまだに信じられている。

世界史をもう一度、しっかりと再検証する必要がある。一九三七年末に、南京で何が起こったのか。国際社会で「南京大虐殺はなかった」などと言ったら、相手にされない。南京大虐殺は、歴史の事実とされている。それを否定する人とまともな議論はできないと、思われている。

好むと好まざるとにかかわらず、それが世界の現実だ。常識の世界では、まったく相手にされない。報道される場合には、「カルト集団が、狂った思想を宣伝している」という扱いとなる。

しかし、『史実を世界に発信する会』の茂木弘道《もてぎひろみち》氏が、英語によって厖大《ぼうだい》な量の情報を発信している。知的かつ精緻《せいち》な論陣を展開し、真面目な議論の土台になる内容がある。「南京」の実態が世界で信じられているものとは違う様相を持つことが、徐々にではあるが浸透しつつある。

だがこれまで、このような情報が英語で発信されることがなかった。日本の外務省は日本の立場を説明すべきでありながら、これまで日本を擁護してこなかった。そこには東京裁判の影響があり、さまざまな圧力が働いてきただろう。しかし、占領期間ならばともかく、占領が終わった時点から、日本は憲法改正も含めて、独立主権国家として日本の立場をもっとしっかりと主張すべきだった。日本はこうした努力がまだまだ足りない。

東京裁判については、まったく裁判の名に値《あたい》しないことは、誰の目にも明らかだ。日本は「東京裁判を受け入れた」などと誤解されているが、この間違いも正さねばならない。東條英機《とうじょうひでき》などは「戦犯」として裁かれたが、戦勝国によって「判決《ジヤツジメンツ》」を受け入れさせられただけのことだ。しかし、あんな不当な裁判を受け入れる必要はなかった。

東條の弁護人だった清瀬一郎《きよせいちろう》東京裁判主任弁護人は、裁判の冒頭でオーストラリアのウエッブ裁判長に「管轄権」を問いただしている。この裁判には正当性がないと、訴えた。これに対して、ウェッブ裁判長は「その質問には、後で答える」と述べたまま、裁判が終結するまで回答することがなかった。いずれにしても、「南京大虐殺」をはじめ、すべての「史実とされていること」は、再検証されるべきである。

日本は日本の主張を発信すべき

私の親しい知人である加瀬英明《かせひであき》氏をはじめとする保守派と呼ばれる人たちの立場は「日本は侵略戦争をしていない」、アジアを「侵略した」のではなく、「解放した」というものだ。これは、日本人の立場に立った主張だ。

私はイギリス人だから、イギリス側の見方に立って考える。イギリス人からすると、「日本は侵略をしてきた」となる。イギリスがアジアに保持していた植民地を、日本が「侵略」してきた。イギリスにしてみれば、「日本は侵略国」だ。

アメリカ側の見方は、また違ったものだろう。私はアメリカ人ではないので、アメリカ側の観点とは異なる。アメリカ人は、「日本は明確なアメリカ領土のハワイを、攻撃したのだから、日本がアメリカに侵略戦争を仕掛けた」と、主張するだろう。

しかし、日本側には、日本の主張があってしかるべきだ。たとえば「日本はアジアを侵略していない。欧米の植民地となっていたアジアを独立させたのだ」という主張も、立派な史観だ。それは、日本からみた史観である。しかし、日本の立場を日本が主張しなければ、敵国だったイギリスやアメリカが、そのような主張をすることはない。「そもそもアジアを侵略したのは、イギリスであり、アメリカである」と言われれば、それはそうだ。

イギリスをはじめ西洋諸国は、アジアや、オーストラリア、北米、南米、アフリカをはじめ、世界中を植民地にした。アメリカは「新大陸」に、自分たちの国を建国している。それに対して、原住民の「インディアン」が、どれほど血みどろの戦いで郷土を防衛しようとしたかは、西部劇によって衆知のことである。

ハリウッド映画では、侵略者は「文明をもたらす正義の味方」であり、原住民は「未開の野蛮民族」ということになっている。東京裁判も、まったく同じ「アメリカの正義劇」だった。そうであれば、日本も「日本には大義があった」というシナリオで、その史観を世界に発信すべきだろう。

イギリス側の立場からすれば、日本はとんでもない「武断国家」で、最悪の敵だった。インドを例にとれば、東インド会社の設立から始まって、何百年も植民地支配をしてきた領土を、日本が一瞬にして奪ってしまった。まがいもなく侵略者だ。

オランダにしたところで、「香辛料諸島《スパイス・アイランズ》」と呼ばれたインドネシアを、瞬《また》く間《ま》に日本に占領された。オランダにしても、日本は侵略者だ。西洋がアジアに所有していた植民地は、日本によって、すべてひっくり返された。インドネシアという名は、独立運動の指導者だったハッタとスカルノによる造語だ。日本の力によって独立するまでは、世界にオランダ領東インド諸島として知られていた。

少年時代に刷り込まれた日本のイメージ

私は子ども当時の考えを、改めねばならなかった。ジャーナリストとなってからは、アジアの独立精神の勃興と、向き合わなければならなかった。

イギリス側からすれば、元凶は日本で、日本に対する非難は、戦中、戦後にわたって、圧倒的なものがあった。イギリスにおける日本と日本人のイメージは、野蛮で、残忍なものであり、野獣か、悪魔だった。

日本にとっても、アメリカや、イギリスが「鬼畜《きちく》」だったことがある。当時の私も圧倒的な「鬼畜日本」という報道のなかにあったので、そういう認識によって、自分が形成されていた。メディアが、連日、そういう記事を報道した。

記事も、書籍も、「日本悪玉論」のみだった。私の場合は八歳ぐらいから、日本軍が捕虜を虐待したとか、新聞報道などによって刷り込みがなされた。ちょうど、東京裁判が行なわれていた最中だったので、報道が過激だった。

私は親からそうした教育を、受けた体験はない。父には日本への郷愁があった。父は二十五歳で母と結婚したが、その頃に名古屋の大学から、古典の教授にならないかという誘いがあった。父はギリシャ語や、ラテン語を専門にしていた。一九二〇年初頭に、母に名古屋に行きたいと話した。故郷は牛や羊ばかりで変化に乏しかったから、一生、イギリスで過ごそうと思っていなかった。

当時は、対日関係も良好で、日本人の残虐性など、まったく問題にされることもなかったため、父は家族を連れて日本へ行きたかった。

しかし、日本へ行くことは、断念しなければならなかった。父は祖父に会社の経営をまかせて社長にしてくれたら、イギリスに残ると要求し、父が会社の経営を受け継ぐことになった。

日本の残虐行為が報道されるようになったのは、戦後の一九四五年からである。「バターン死の行進」とか、収容所での虐待が取り上げられた。それから日本について報道される度《たび》に、必要以上の異常な残虐性のイメージが、取り沙汰された。

私はウィンチェスターの全寮制高校《ボーディング・スクール》に、入学した。ボーディング・スクールは、全寮制で厳しく躾《しつけ》られる。一九五三年、私が十五歳の時に、ローレンス・バンダー・ポストが書いた『バー・オブ・シャドー』という小説を読んで、強い衝撃を受けた。

舞台は、今のマレーシアにあたるマレーの収容所で、日本人軍曹のハラが捕虜を日本刀で斬り殺す。当時、バンダー・ポストはイギリス軍将校だったが、収容所で収容者のリーダーとなる。戦後の戦勝国による裁判で、彼は「われわれは日本人を裁判にかけて、処刑する権利を有しているだろうか」と訴えて、ハラを救う。

この小説でも、日本人は残虐に描かれている。それは、当時のイギリス人の率直な感情だった。「こういう残虐で、暴力的な日本人だったから、軍事進攻し、平和を謳歌《おうか》していた大英帝国を侵略し、平和を愛するわれわれを暴力で屈服させた」と、正当化したかったのだ。

日本人なら、日本兵を野蛮に描き、イギリス将校を人道的な紳士としていることに、憤慨することだろう。しかし、私は日本人を糾弾する世論しかないなかで、「われわれは日本人を裁くことができるのか」という問題提起に、衝撃を受けた。

第二章　日本だけが戦争犯罪国家なのか？

チャーチルの聞くに堪《た》えない日本人への罵詈雑言《ばりぞうごん》

私は最近、ウィンストン・チャーチルが妻のウィニーとやりとりした書簡を、読む機会があった。

日本人についてさまざまなエピソードを書いているが、許容範囲を逸脱した差別的表現で、日本人を侮蔑《ぶべつ》している。イギリス人からそのような醜い言葉が発せられたのを、耳にしたことはない。罵詈雑言《ばりぞうごん》というか、これでもかと貶《おとし》める表現を使っていた。

戦争では誰もが敵に対して怒りを抱いて、感情的になる。しかし、チャーチルの言葉遣いは、その範疇《はんちゅう》を逸脱していた。チャーチルがそこまで口汚《ぎたな》く日本を罵《ののし》った背景には、植民地支配の体験がある。数百年にわたって栄華を極めた大英帝国――日が沈むことはないと形容された――その版図《はんと》が、あろうことか東洋の黄色い小人たちによって、一瞬にして崩壊させられてしまったという悔《くや》しさと、怒りがあったのだ。

第二次大戦を戦った世代には、そうした根深い怨念《おんねん》が、日本人に対してあった。『フィナンシャル・タイムズ』社で私の上司だった論説主幹のゴードン・ニュートンも、そうした一人だった。彼は私を日本に派遣して、『フィナンシャル・タイムズ』の東京支局を、開設させた。

ゴードンやその友人には、日本人と戦場で戦った経験を持つ者が多かった。彼らにとって、日本人は憎しみの対象だった。日本人がきわめて「野蛮だ」という感情を抱いていた。一部ではあったが、そうした特別な感情を日本人に対して持つ、イギリス人がいたことは事実だ。

第二次大戦が終わり、五〇年代になって、私は黒澤明《くろさわあきら》の『七人の侍』や、市川崑《いちかわこん》の『野火』などの映画を見て、新鮮な衝撃を受けた。日本人は、何百年にわたったイギリス植民地支配の歴史のなかで出会ったことがない、「別次元」の存在だと気づいた。

イギリスは何百年もかけて大帝国を建設し、その帝国を維持した。その間に、インド人をはじめアジアのさまざまな民族と戦った。もちろん、インド人との戦闘も、熾烈《しれつ》を極《きわ》めた。アフガニスタンや、北パキスタンの敵も、手強《てごわ》い相手だった。

しかし、日本人はそうした「強い敵」をはるかに凌駕《りようが》していた。日本人はそうした植民地支配を受けた人種と、まったく違っていた。日本が大英帝国に軍事進攻した途端に、何百年も続いた帝国が崩壊した。イギリスは日本のマレー進攻によって、催眠にかけられてしまったようだった。日本軍のあまりの強さに、降参するしかなかった。

そうした現実と、収容所などで受けた扱いがあいまって、「野蛮で、残虐な日本人」のイメージが強調された。実際に、酷《むご》い扱いを受けた人々もいた。個人的に私が聞いた話もある。

もっとも、イギリスの収容所で不法に虐待された日本人の多くの証言もあるから、お互いさまだった。イギリス人のなかにも、教養を欠いた、残忍な者がいた。

私がアジアに初めて来たのは、一九六四（昭和三十九）年だった。私は若いユダヤ人女性と結婚したばかりだった。カナダ人とユダヤ人の混血で、東アジアに何人もの親戚がいた。香港、バンコク、シンガポール、カルカッタといった具合に、あちらこちらに従兄弟《いとこ》がいた。

シンガポールでは、マックス・ルイスという名の従兄《いとこ》を紹介された。ポーランド系ユダヤ人で、ソフト・ドリンクのビジネスの展開のために東アジアに来て、シンガポールの外資ビジネスの中心的な人物の一人となっていた。

マックスは、日本軍が進攻してきた時に、シンガポールにいた。マックスは楽しい、愛すべき人物だった。彼は「日本軍によって収容された時に拷問を受け、子どもを持つことができなくなった」と、語った。私も新妻も意味がよく、理解できなかった。

彼は「拷問されたために、生殖機能を失ってしまった」と、告白した。その時は日本軍に対して、憤《いきどお》りを覚えた。屈強なユダヤ商人で成功した人物が、ただひとつできなかったのが、子を持つことだった。

アジアの国々を独立させた日本の功績

当時、私は『ロンドン・タイムズ』東京支局長だったが、白人世界では戦後一貫して、日本への憤りが蔓延《まんえん》していた。そこには、怨念があった。日本軍の戦いぶりは、この世の現実と思えないほど、強かった。イギリスは何百年も続いた植民地から、一瞬にして駆逐された。戦闘に敗れたというだけではない。栄華を極めた大英帝国の広大な植民地が、一瞬にして消えたのだ。この屈辱は、そう簡単に忘れられるものではない。

イギリスは一〇六六年にノルマン人の侵略を受け、国土を占領されたが、ナポレオンや、ヒトラーの侵略を斥《しりぞ》けた。だが、その帝国の植民地がなんと有色の日本人によって奪われた。イギリス人にとって、有色人種に領土を奪われ、有色人種が次々と独立国をつくったことは、想像を絶する悔しさだった。

日本に原爆が落とされた。その悲惨さは、筆舌に尽くし難い。アメリカは原爆を投下する必要が、まったくなかった。生体実験のように、人間に対し原爆を投下した。そこには、「辱《はずかし》めを与える必要性」があった。日本人を徹底的に打ち砕き、完膚《かんぷ》なきまでに叩きのめさねばならなかった。勝者の正義などは、まさに「建前《ウインドウ・ドレッシング》」で、復讐をせずには収まらなかったのが「本音」である。東京裁判も、正に復讐劇だった。

日本は、元寇《げんこう》の時も侵されなかった。しかし第二次大戦で敗れて初めて、アメリカ軍が本土を占領した。これは、日本を「部分占領する」とうたったポツダム宣言に、違反したものだった。ポツダム宣言は、日本軍の無条件降伏のみを要求し、「われらは以下の条件から逸脱することなし」と記しているから、日本は有条件降伏をしたのに、マッカーサーは日本軍を武装解除すると、日本が無条件降伏したことに、すり替えた。アメリカ軍は七〇年近い年月が経っても、そのまま日本に居座っている。

英語で侵略《インベージョン》というと、ひとつの国が他国の領土へ武力を使って、強制的に入ってゆくことを意味する。この定義では、日本は大英帝国の領土である植民地に侵略したと、認められる。

しかし、加瀬氏の話を聞いて、私は違った視点を持ち、認識を改めるようになった。日本は大英帝国の植民地を侵略しただけでなく、欧米の植民地支配を受けたアジア諸民族が、独立するのに当って、大きな役割を果たしたのだった。

日本は欧米のアジアの植民地を占領し、日本の将兵が宣教師のような使命感に駆《か》られて、アジア諸民族を独立へ導いた。

日本はアジア諸民族に、民族平等というまったく新しい概念を示して、あっという間に、その目標を実現させた。植民地支配という動機とは、まったく異なっていた。日本はアジア諸民族が独立することを、切望していた。

これは、まぎれもない事実だ。アジアの諸民族にも、独立への期待が強くあった。西洋人はこうしたまったく新しい観点から、世界史を見直す必要がある。

西洋人はこうした史観を持っていないし、受け入れていない。

「白人の植民地」を侵した日本の罪

日本がアジア植民地を侵略したのは、悪いことだったろうか。侵略が悪いことなら、世界史で、アジア、アフリカ、オーストラリア、北米、南米を侵略してきたのは、西洋諸国だ。しかし、今日まで、西洋諸国がそうした侵略を謝罪したことはない。

どうして、日本だけが欧米の植民地を侵略したことを、謝罪しなければならないのか。

東京裁判では、「世界で侵略戦争をしたのは、どちらだったか」ということに目を瞑《つむ》って、日本を裁いた。

それは侵略戦争が悪いからではなく、「有色人種が、白人様の領地を侵略した」からだった。白人が有色人種を侵略するのは『文明化《シビライゼーション》』で、劣っている有色人種が白人を侵略するのは『犯罪《クライム》』であり、神の意向《ゴッズ・ウイル》に逆らう『罪《シン》』であると、正当化《ジャスティファイ》した。

日本には「喧嘩両成敗《けんかりょうせいばい》」という便利な考え方もあって柔軟だが、欧米人はディベート思考で、白か黒か判定をつける。もし日本が正しいなら、間違っているのは欧米側となる。だから、あらゆる手を使って、正義は自分の側にあると、正当化《ジャスティファイ》しようとした。

東京裁判は復讐劇であり、日本の正当性を認めることなど、最初からありえないことだった。認めれば、自分たちの誤りを認めることになってしまう。広島、長崎に原爆を投下し、東京大空襲をはじめ全国の主要都市を空爆して、民間人を大量虐殺した「罪」だけでなく、もっといえば、世界で侵略を繰り返してきたその正義の「誤謬《ごびゅう》」が、明らかにされることがあっては、けっして、ならなかった。それが、連合国の立場だった。

私にクラウディアという従姉妹《いとこ》がいる。貴族のような生活をしていた。乗馬や、犬を愛し、広大な土地を所有していた。クリスマスなどには大邸宅で盛大なパーティーを催した。現在の妻と結婚を考えていた頃に、クラウディアのパーティーに、初めて同伴して出席したことがあった。一九七三年だった。

妻は日本女性なので、見た目がとても幼く、西洋人からは十二歳ぐらいに見えた。父が彼女があまりに若く見えるので、「法律を犯しているんじゃないだろうな。子どもを拉致《らち》しては、だめだぞ。たいへんなことになるぞ」と、心配したほどだった。

私はパーティーでクラウディアに、歩み寄った。未来の妻は少し離れたところにいた。クラウディアは私が結婚も考えている女性が、日本人だと聞いて憂慮していた。

クラウディアの親族の老夫人と家族が戦前、香港《ホンコン》に住んでいて、家族が日本軍に捕まり収容所へ入れられていた。一族は収容所で三年半を過ごした。悲惨な生活だったというが、生還した。そして従姉妹はパーティーで、私に「新しい家族の一員を迎えることができて、嬉しいわ」と重い口調で言い、「私たちはけっして貴方の気持ちに逆らおうとは、思っていないわよ。貴方の決心を尊重するわ」と、付け加えた。

私は彼女から、収容所のことを聞いた。悲惨な生活といっても、やわらかいトイレットペーパーもなく、聖書《バイブル》のページを使うことを余儀なくされた、という程度のことだった。

イギリス最大の屈辱、シンガポール陥落

イギリス人は公的にも、軍事的にも、日本に対する見方だけでなく、世界の見方を一〇〇パーセント見直さなければならなかった。

一九四二年一月にマニラが占領されたが、イギリスにとってさほどの関心事ではなかった。最大の関心事は、シンガポール、マレーシア、ビルマ、インドだった。日本が第二次大戦に参戦すると、アジアの植民地での戦闘が始まったが、日本軍は考えられない強さを示した。その片鱗は、一九〇五年の日露戦争の勝利でも示されたが、イギリスは本当の意味で、日本軍の強さを知らなかったから、脅威だと思っていなかった。しかし、日本軍がシンガポールを目指してマレー半島を南下すると、初めてその強さを体験した。

もっとも衝撃的だったのは、『プリンス・オブ・ウェールズ』と『レパルス』という大英帝国海軍《ブリティッシュ・ネイビー》が誇る二隻の戦艦が、日本の航空攻撃によって、わずか四時間で撃沈されてしまったことだった。それまで航空攻撃で、外洋を疾走する戦艦が、撃沈された前例がなかった。

チャーチルは若くして、海軍大臣に就任したことがある。チャーチルが太平洋へ戦艦を派遣する決定を下したが、防空の配慮をまったく払っていなかった。イギリスの誇りは陸

軍ではなく、海軍にあった。その誇りが、一瞬にして貶《おとし》められた。イギリス艦隊は日本の航空攻撃に対して、ほとんど反撃できなかった。イギリスは、軍事面から日本の力と、イギリスの海軍力を見直す必要に迫られた。

日露戦争での日本の勝利は、世界中の有色人種に「有色人種も、白人に勝てる」ことを示して、前例のない衝撃と、希望を世界の有色人種に与えたが、西洋の軍事力の相対的な弱さについて、第二次大戦まで西洋人が体感することがなかった。だから、マレーで起こったことは、大きな衝撃だった。そのようなことが起ころうとは、想定だにしていなかった。

まだ海軍は海上で戦う力が残されていたが、陸上ではそういかなかった。インドはインド人のものではなかった。イギリスのものだった。インドはイギリス領だった。私はそう教育された。だが、インドを支配するために、駐留していた兵力は、限られたものだった。

日本軍が突然、マレー半島に上陸し、まったく次元の違った戦いが始まった。チャーチル首相も、面食らった。

シンガポール防衛軍のパーシバル司令官は、金縛りにでもあったかのように、まったく戦うこともせずに、戦意を喪失し、降伏した。日本軍の司令官もイギリス軍の弱さに、驚いたことだろう。日本陸軍はそれほど強かった。

イギリスだけではない。アジア各地にオランダ軍など、西洋各国の軍隊が展開していたが、あっという間《ま》に日本軍に敗れてしまった。日本は短期間にそれだけの地上軍を展開する力を、持っていた。

西洋諸国の植民地駐留軍は、それに見合う兵力を有していなかった。大英帝国にとってシンガポールは、香港や、上海《シャンハイ》につぐ重要な拠点だった。シンガポール陥落はイギリスにとって、植民地支配の終わりを象徴していた。

『猿の惑星』が現実となったときの衝撃

日本軍は、大英帝国を崩壊させた。イギリス国民の誰一人として、そのようなことが現実に起ころうなどとは、夢にも思っていなかった。それが現実であると知った時の衝撃と、屈辱は察して余りある。

ヒトラーがヨーロッパ諸国を席巻して、大ゲルマン民族の国家を打ち立てようとしたことも、衝撃的だったが、それでも、ヒトラーは白人のキリスト教徒だった。われわれは自分たちと、比較できた。

しかし、唯一の文明世界であるはずの白人世界で、最大の栄華を極めていた大英帝国が、有色人種に滅ぼされるなど、思考の範囲を超えている。理性によって理解することのできない出来事だった。『猿の惑星』という映画があったが、まさにそれが現実となったような衝撃だった。誰一人として、『猿の惑星』が現実になるとは、思っていまい。映画の世界のことで、想像上の出来事だと思っている。

人間――西洋人――の真似をしていた猿が、人間の上に立つ。それが現実となったら、どのくらいの衝撃か、想像できよう。日本軍はそれほどの衝撃を、イギリス国民に与えた。いや、イギリスだけではない。西洋文明そのものが衝撃を受けた。

アメリカは、ヨーロッパ諸国に比べると、日本についてもっと研究をしていた。アイヴァン・モリス、ドナルド・キーン、エドワード・サイデンステッカーなど高名な親日学者は、みなアメリカ軍によって養成された。軍学校で日本語を習得し、情報将校として服務した。

ヨーロッパでは、フランスは文化面で日本の影響を強く受けたが、イギリスの場合は限られていた。江戸末期の一八六〇年代にアーネスト・サトウというイギリスの外交官が日本を訪れ、四〇年ほど行き来した。そういえば、オックスフォードの私の学友で、歴史家の萩原延壽《はぎはらのぶとし》が朝日新聞紙上に、アーネスト・サトウの伝記を五〇〇回にわたって連載し、その後本にした。時々、萩原は自分が手書きした英文に赤入れしてほしいと、私に頼んできた。

いずれにせよ、イギリスは日本と同盟関係を構築した。だが、イギリス大衆一般がそうした外交的な関係によって、日本についてよく知るようになったかと言えば、さして浸透していなかった。日本への理解は、きわめて限られていた。

今日、オックスフォード大学には多くの日本専門家がいて、政府の財政的支援も得ているが、昔はそうではなかった。日本研究はいまでは中国研究と同レベルまで、高まっている。オックスフォード大学には、日産インスティチュートなどさまざまな部門がある。

無知が助長した日本人への憎悪

イギリスは数百年間にわたって、負けを知らなかった。大英帝国を建設する過程における侵略戦争は、連戦連勝だった。私はイギリスは戦えば必ず勝つと思っていたし、学校でそのように教えられた。私は一面がピンクだった地球儀によって、教育を受けた。イギリスの領土がピンク色で、示されていた。

ところが、第二次世界大戦が終わると、植民地が次々と独立して、ピンク色だった世界が、さまざまな色に塗り替えられてしまった。

大英帝国は植民地を徹底的に搾取《さくしゅ》することで、栄華を保っていた。お人好しの日本人が、台湾、朝鮮の経営に巨大な投資を行なって、本国から壮大な持ち出しをしたのと、まったく違っていた。どうして、イギリスが植民地支配なしで、栄華を維持できたことだろう。日本の手によって、戦争に必ず勝つはずだったイギリスが、大英帝国の版図をすべて失った。

『平家物語』ではないが、無常を感じざるをえない。栄華を極めた人々は、栄華に溺《おぼ》れた。ついには戦うこともせず、降伏してしまった。

シンガポールの守りは固かったが、海からの攻撃に備えたものだった。砲台がみな海を向いていた。シンガポールの背後をつく、陸上からの攻撃から、守るように造られていなかった。

アーネスト・サトウのような知日派外交官は、稀有《けう》だった。今日ではその反省から、イギリスでは日本に精通した外交官を育成している。二年間鎌倉で日本語を身につけながら、日本を学ぶ。いまでは、日本に精通した外交官を、養成できるようになっている。

だが、戦前は違った。イギリスが犯した最大の失敗は、日英同盟を破棄したことだった。私のように日本に五〇年もいて、日本人の妻を持ち、日本で子育てした者は、プロの知日派と見なされる。そうした知日派は日英同盟の破棄が間違いだったと、全員が語っている。歴史家で、『源氏物語』を最初に訳したアーサー・ウェイリーなども一九二〇年代に活躍したが、当時、イギリスには知日派はいたが、きわめて少数で影響力を持てなかった。イギリス人の目は、ヨーロッパに集中していた。

第二次大戦後の日本のイメージは最悪だった。

フランスにマルグリット・デュラスという、『広島モナムール』を著した作家がいた。英語では『広島マイ・ラブ』になる。日本人への同情に溢《あふ》れており、一九五〇年代に話題を呼んだ。イギリスにそういう人は、いなかった。

ロナルド・ソールが捕虜収容所を描いた絵画は、日本を世界に広めたものだ。マレーの収容所で過ごした日々を、描いていた。誰もそのような絵を、見たことがなかった。私を含めて、イギリス人が日本人に対して持った印象は、人間ではないというものだった。

『サンデー・プレス』と呼ばれる日曜新聞はセンセーショナルな話題を取り上げるが、戦後一貫して、日本人についてネガティブな記事が掲載された。

イギリスでは、日系人コミュニティーが形成されることがなかった。この点、日系人社会が多く存在する、アメリカと違っている。アメリカに多くの日本人が移民していたという、違いがある。イギリスに居住していた日本人の数は、わずかでしかなかった。それに、アメリカは太平洋を隔《へだ》てて、日本と向かい合っていた。距離的に遠く隔たっていたが、相互に干渉する、さまざまなテーマがあったので、日本人と係《かか》わりを持たざるをえなかった。

戦勝国が日本を裁くことへの違和感

私の日本への見方が変わったのは、一九五〇年代に入ってからだった。

バンダー・ポストの一九五三年に出版された『バー・オブ・シャドー』については、前述した。感銘を受けて、学校の後輩たちに読んで聞かせた。日本人について、もっと理解しないといけないと、思った。日本人を人種的に差別するのは、公平でないと感じた。

戦後、イギリス人がドイツ人に会った時にとる態度も、改めるべきだと思うようになった。ドイツ人も人間だと、思うようになった。日本人に対しても、そうすべきだと思ったが、それはドイツ人に対する感情を正すよりも、はるかに難しいものだった。

ドイツからの謝罪が、イギリス人の心を動かした。あらゆる機会に、ドイツは謝罪に努め、自分たちも人間であることを示そうとした。そうしたことによって、イギリス人の態度も変わっていった。

『バー・オブ・シャドー』のなかのイギリス人将校は、「われわれは彼らにも同情する」と語る。「彼らを人間として理解しなくてはならない。彼らを憎いからと言って、感情に駆られて処刑してはならない」と、訴えた。「何が動機だったのか。どうしてそのような行為に至ったのかを、理解しようと努めることが、大切だ」と、主張した。

このイギリス人将校は、ハラ軍曹の監督下にあった。バンダー・ポストは実際にマレーで、収容体験があった。ハラという名は仮名であろうが、小説は半分がフィクション、半分がノン・フィクションだった。

ハラは収容所の監督者で、ある満月の夜に酒を飲んで、気に食わなかった収容者を外に連れ出して、日本刀で首をはねる。これが訴因となって、戦犯裁判にかけられ死刑を求刑される。このイギリス人将校は、裁判で信条を訴えて、ハラの命を救った。私はこの小説によって、心を強く揺さぶられた。

私はボーディング・スクールの友人にも、どうして私が心を揺さぶられたのか、伝えたかった。今も、同じ気持ちだ。われわれは日本人に対してフェアでなかった。われわれに裁くことはできなかったはずだ。

国家には戦争をする権利がある。国家にとって最も重い権利だ。わが家に『フィナンシャル・タイムズ』で、私の上司だったＪ・Ｄ・Ｆ・ジョーンズが著した、バンダー・ポスト伝がある。バンダー・ポストは、「われわれには彼らを裁く権利がない」「戦争犯罪人として処刑する権利はない」と、一貫して主張した。

この本は、短いものだった。後に書き加えられ、初版より厚くなっている。バンダー・ポストは、チャールズ皇太子の家庭教師も務め、イギリスで高く評価されている。

私は日本が大英帝国の植民地を占領したことに、日本の正義があると思った。それを戦後になって、まるで戦勝国が全能の神であるかのように、日本の罪を裁くことに違和感を覚えた。当時の世論に反して、そう思った背景にバンダー・ポストの存在があった。

第三章　三島由紀夫が死を賭《と》して問うたもの

三島由紀夫との最後の会食

私は市ヶ谷の防衛省内にある、かつて東京裁判が行なわれた講堂を、何度も訪れた。北朝鮮の核ミサイルに備えて、防衛省の構内にPAC3ミサイルが、そのつど配備されたことがある。その緊張の中で、東京裁判の法廷を訪ねた。そこで行なわれた裁判は、邪悪《イーヴィル》なものだった。犯罪行為だった。

戦勝国が一方的に敗戦国を裁くことは、許されない。戦勝国が敗戦国を裁いて、一方の将兵のみを戦争犯罪人として処刑するのは、復讐であり、犯罪である。

東京裁判を覆《おお》った空気について、多くの関係者から聞いたことがある。法廷の空気はとても邪悪《イーヴィル》で、毒気《ポイズン・イン・ジ・エアー》が漂っていた。残忍さ《ナスティーネス》が渦巻き、検察側には悪意が感じられた。このため法廷には、恐ろしい《ホリファイイング》気配が充満していた。東京裁判は数年に及んだ。そのすべてが不法だった。

私は一九六四年から半世紀、ずっと東京で仕事をしてきた。外国メディアの東京特派員のなかで、私のように日本に長く滞在したジャーナリストは、他にいない。私の頭は日本のことで、つねにいっぱいだ。日本語を完全に身につけなかったことだけが、心残りだ。

三島事件の数週間前に、日比谷の帝国ホテルの最上階にある「フォンテンブロー」というレストランで、三島由紀夫と会食した。それが、三島と会った最後だった。

その時に、三島から「ヘンリー、日本語を学ぼうとしないなら、日本にこれ以上いても得るところはない。荷物をまとめて、国へ帰ったほうがいい」と言われた。日本語ができないことを指摘されて恥ずかしかったが、三島は率直に直言してくれた。

私も率直に「そうだ」と、感じた。私は今、妻と息子と三人で暮らしている。六十歳になる妻は日本人で、結婚してもう四〇年以上経つ。息子のハリーはＮＨＫや、いくつかの民放の地上波テレビ局、Ｊウェーブなどのラジオ局で番組を持っており、売れっ子となっている。妻も息子も、家では日本語を話すので、私は完全に日本的な環境《ジャパニファイド・アトモスフィア》に暮らしている。

だから、日本的なものから閉めだされて、生きているわけではない。いまでも、家族が私のテーブルマナーを監視して、日本ではこうだと教えてくれる。マナーが良くないのは、軽いパーキンソン病を患《わずら》っているからで、日本の作法を知らないわけではない。

三島は歴史上の人物となったが、時折、「三島由紀夫とは、どのようにして、出会ったのか」と尋ねられる。あれは、一九六八（昭和四十三）年の春のことだった。

その二年前に、皇居前の馬場先門《ばばさきもん》にあった日本外国特派員協会で、AP通信の東京特派員だったジョン・ロドリック会長が、三島を記者会見に招いた。私は当時『フィナンシャル・タイムズ』東京支局長だった。私はその時は、三島と握手をすることもなく、直接に会って単独取材をしようとも、思わなかった。私の担当は経済だった。

初めての単独会見における三島の印象

二年経って、私は『ロンドン・タイムズ』に移って、東京支局長となった。世界屈指の日刊紙の日本の代表という立場で、私から三島を取材しようと思い立って、馬込《まごめ》の自宅に電話を入れた。

当時は、『ロンドン・タイムズ』の支局が、有楽町の朝日新聞社の七階にあった。私は三人の女性アシスタントの一人に、電話を掛けてもらった。三島はこの八年前の一九六〇年に、隣り合った二軒の家を新築していた。一軒は両親のため、もう一軒は、新しく迎えた若い妻瑤子《ようこ》のためだった。

三島は長編『鏡子の家』の執筆の最中だったが、二軒の家の支払いのために、猛烈な勢いで原稿を書いていた。

電話を入れたのは、昼前後だった。三島は毎朝五時、六時まで、夜通し原稿を書くのが日課だった。昼前後でも、電話をするには不適切な時間だったが、当時はそんなことは、知らなかった。

三島の秘書役をしていた瑤子が、電話に出た。瑤子は三島に、「『ロンドン・タイムズ』から電話だ」と、告げた。三島は即座に「自分が出る」といって、電話を取った。私は英語で「電話でお話しでき光栄です」と告げた。三島は「『ロンドン・タイムズ』のヘンリー・ストークスさんですか」と英語で尋ね、「はじめまして」と、やはり英語で付け加えた。

三島は英語で、意思疎通ができた。三島は「『ロンドン・タイムズ』の東京支局長ですね」と確かめた。私は「はい」と答えた。三島が「用件は」と尋ねるので、「『ロンドン・タイムズ』の記事のために取材をしたい」と、言った。

三島は当時、昭和天皇を唯一の例外として、世界的にもっとも話題性に富んだ日本人だった。

天皇を除けば、三島の国際的な知名度には、一人として追いつけなかった。三島はメディアで、一貫して本音で語った。長い年月のなかで、そうでなかった発言もあったが、それがさらに話を面白いものとした。

三島にコンタクトしなければ、地上でもっとも話題性に富んだ日本人を、取り上げないことになる。だから、何をテーマということなく、会うことにした。

もちろん、ジャーナリストとして、三島由紀夫を知りたいという渇望があった。三島の電話口の声は、深くしゃがれた声で、個性的だった。ヘビー・スモーカーを、想わせた。

実際、三島は一日三〇本から四〇本、吸っていた。日本専売公社の丸いピース缶を、いつも黒いスケジュール手帳と、一緒に持ち歩いていた。三島はしゃがれ声で「喜んでお会いしたい」と言った。興奮しているのが、伝わってきた。私も喜んだ。

三島がホテル・オークラと言って、午後遅い時間に、バーで会う約束をした。三島との約束の日が近づくと、スタッフの若い女性三人が落ち着かなくなってきた。若い外国人記者が、あの有名な三島由紀夫といとも簡単に会えることに、興奮している様子だった。

私はオークラのバーは、「オーキッド・バー」しか知らなかったので、そこだと早合点した。ところが、三島はメゾネット階のメンズバーで会うつもりでいた。

当日、私はオーキッド・バーに、少し前に到着して待った。ところが、三島が時間になっても現われない。三〇分ほどすると、ホテルの従業員が誇らしげにやって来て、「三島由紀夫様とお待ち合わせでしょうか」と、声を掛けた。三島がメンズバーで待っていると、メッセージを伝えた。

急いでメンズバーへ向かうと、広いバーの中央に、小さな体で大きな目をした男が、たった一人で、猛烈な勢いでたばこを吹かしていた。ギョロッとした目で、私を睨《にら》んでいた。私は「ミスター・三島、ごめんなさい。バーをまちがっていました。私のミスです」と、謝った。三島は「気にしないで。さあ、何を飲もうか」と勧《すす》めるので、私はビールを注文した。バーには、他に客がいなかった。

三島は他の人の目を意識することなしに、プライベートな空間で話したかったのだ。何でも語れる場で、取材を受けたかったのだろう。

私は三島の身長がとても低かったので、驚いた。写真を三島と並んで撮ってはいけないということに、気がついた。私は背が低い人に、そんな配慮をしたことはなかったが、本能的にそうしてはいけないと、感じるものがあった。三島にとって心地よい空間の広がりがあって、それを侵してはならないと思った。その後、一緒に座る時は、その三島のスペースに配慮するようにした。

右翼には期待していなかった三島

一九六八年は、国際政治が重要な局面にあった。アメリカのベトナム戦争が破綻《はたん》した年だった。翌年には月に人類を送り込むことになる超大国が、アジアの小国との戦争で敗北を喫《きっ》したのだ。アメリカの圧倒的な力に、陰りが差しはじめた、ターニング・ポイントの年だった。

私は三島に、そうした世界の状況を投げかけた。日本のメディア報道は、曖昧《あいまい》だった。『ニューヨーク・タイムズ』社には、悲惨な結末を招くと信じている記者たちがいた。世界中で大学紛争が起こり、日本でも全学連がさかんに活動していた。

第二次大戦が終わって、わずか十数年で、状況は一八〇度転回した。世界の覇権を握っているアメリカが、アジアの小国に敗北するという、考えられない事態に直面したのだ。

私は一九六五年夏に、ベトナムを訪れた。二年前に、ケネディが暗殺された。その後の大統領となったリンドン・ジョンソンが、ベトナムへ部隊増派を命じたのが、六五年だった。

私は『フィナンシャル・タイムズ』記者としてベトナムに入ったが、現地に入ってすぐに、アメリカは敗北すると、直感した。フランス同様、ベトナムを侵略したアメリカは、ベトナム社会をまったく理解していなかった。空爆を続けていたが、アメリカは自分たちが何をしているか、まったくわかっていなかった。

世界中で、学生たちがベトナム戦争に抗議していた理由も、そこにあった。いったい戦争をどう終結させるのか、その出口戦略もなく、空爆を続けていた。日本のメディアは本質的なことを、伝えていなかった。

三島は世界が逆転しつつあることを、予感していた。三島はこうした波乱のなかで、『楯《たて》の会』の結成を決意するが、私が初めて三島に会った時は、三島は『楯の会』の結成は考えていなかった。

三島は私に、イギリスの有名でロマンチックな詩人で、英雄でもあるロード・バイロン（一七八八―一八二四年）について語った。バイロン卿はギリシャに遠征して、トルコを撃破し、ギリシャを独立させるために、私的軍隊を結成した。

三島は、私に「一緒にロード・バイロンについて、本を書かないか」と、提案してきた。三島は「バイロンがどうやって兵を集めたかが、知りたい」と言った。学生たちを、若者たちを、どうやって私軍に入隊させるか。バイロンはそれを成し遂げた。そして、見事にトルコ軍を駆逐して、ギリシャを独立させた。三島は日本で、バイロンと同じ役を演じたかったのだ。

三島が『楯の会』を秘密裏に結成したのが六八年秋で、公になったのは、六九年のことだった。私が富士山麓で『楯の会』が訓練を行なったのを取材したのも、六九年だった。

三島はこうした動きに先立って、自衛隊に接近していた。おそらく中曽根康弘《なかそねやすひろ》議員をはじめ、保守派の国会議員の紹介によって、自衛隊の将校と交流を持つようになっていた。中曽根と三島は、互いに利用しあっていた。

三島によると、中曽根が伊豆の下田《しもだ》にいた三島に連絡をしてきて、東京での後援会で演説をしてほしいと、依頼してきた。三島は断わったと言っていた。

三島は政治家への信頼を、喪失していた。三島は彼らを無価値な連中だと、思っていた。政治家は結局何もしないし、できない。自分を犠牲にして、大義を果たす政治家などいないと、切り捨てていた。

三島からすると、命を捨てる覚悟など、誰も持ち合わせていなかった。三島とともに決起しようという政治家は、誰もいなかった。

三島は革命的だった。保守政治家は誰も革命を望まなかったし、自己犠牲を率先垂範できる者もいなかった。

石原慎太郎《いしはらしんたろう》も、同様だった。プレイボーイで、油壺《あぶらつぼ》でヨットに興《きょう》じているのが、お似合いだった。背が高くハンサムで、魅力的だが、ポピュリストだった。三島は石原が書くことに専念することを期待していたが、石原はテレビに出て人気取りに忙しかった。

三島は政治家に失望するなかで、東大の左翼学生と討論を行なった。三島は左翼学生に期待もしていた。三島もかなり左翼的だった時代があった。五〇年代に、共産党への入党を勧められたことがあったほどだ。意外に思われるだろうが、三島は右翼に期待していなかった。

『ロンドン・タイムズ』に掲載された私の署名記事

三島は『楯の会』に青年たちを、取り込みたかった。三島にとって持丸博《もちまるひろし》は貴重な存在だった。当時、持丸は早稲田大学の学生で、保守系学生運動を指導し、機関紙の編集長を務めていた。

私が一九六九（昭和四十四）年春に、富士山麓で『楯の会』の訓練を取材に行った時は、持丸がチケットなどすべての手配をしてくれた。三島が市ヶ谷で事件を起こした時に、一緒に自殺をした森田必勝《もりたまさかつ》を、三島に紹介したのは、現在、評論家、中国問題専門家として活躍する宮崎正弘《みやざきまさひろ》だと聞いた。宮崎もまた、青年たちを『楯の会』に入会させるのに、大きく貢献した。

一九六九年三月十七日の『ロンドン・タイムズ』に、私の署名記事が掲載された。当時、日本のマスコミは、三島由紀夫の『楯の会』を無視していた。大規模なデモを各地で繰り広げる左翼学生の数と比べると、『楯の会』は小さかった。しかし、その後の展開を考えると、『楯の会』を取り上げた私の記事は、その後起きることを予見していたようでもある。

［日本軍、右翼団体を訓練　ヘンリー・スコット・ストークス　富士演習場　三月十六日］

日本陸軍はナショナリスト右翼の学生の訓練を、開始した。政治論争に発展する可能性がある。

戦後初めて陸軍――日本では陸上自衛隊と呼ばれている――が、学生を小銃で武装させて、軍事訓練を施した。訓練に加わったのは、日本でもっとも活動的な右翼インテリ作家の三島由紀夫が隊長として資金を提供している団体で、大学生と二十代初めの社会人によって構成されている。

先週、三島氏を先頭に約五〇人のメンバーが、雪に覆われた富士の裾野で、三島氏によれば、野外サバイバル訓練とゲリラ戦術を学んだ。訓練には、日本製六四年式小銃を使用した。参加者は全員、三島氏が主宰する『楯の会』――天皇を護るための〝民兵《ナショナル・ガード》〟と呼ばれる三島氏の私的軍隊《プライベート・アーミー》で、将来、左翼学生に対して行動を起こす可能性がある――の会員だった。

戦後、何万人という日本の民間人が、日本陸軍の演習場で短期訓練を受けているが、それはキャンプ休暇を格安で過ごせ、気分転換になるものだった。しかし、三島氏の団体は、通常とは違った特権を与えられていた。

他の民間人は演習場で一切の火器を使用することを禁じられ、一カ月に及ぶ訓練など許されていなかった。『楯の会』ほど厚遇をされ、専門的な軍事教練を受けたグループはなかった。

二年前に三島氏は日本の軍当局、特に防衛庁と交渉し、私的軍隊《プライベート・アーミー》が訓練を受ける機会を許された。三島氏が防衛庁長官から許しを得ようと努めたのは、『楯の会』の学生が銃器を使用することだった。一年の交渉の後に合意に達したが、銃を発射することは許されなかった。『楯の会』は、三島がデザインして、支給した黄緑色の制服が特徴である。

陸軍の助けを借りて、国家警備隊《ナショナル・ガード》まがいの組織をつくるという考えそれ自体が、多くの日本人にとっても、外国人にとっても常軌を逸したことのように思える。昨年少しだけ報じられたものの、三島氏の活動がほとんど取り上げられない理由がそこにある。

しかし『楯の会』を軽く見るべきではない。会員は少数だが（三島氏の目標は一〇〇名）、知性と士気の高さにおいて、もっとも目を見張る学生集団だ。入会を許されるのは、三〇人に一人しかない。彼らは三派全学連の極左学生と信条は対極にあるが、どちらも日本の政治を批判し、〝平和憲法〟を嫌っている。

『楯の会』が小さいからといって、重要でないと勘違いしてはいけない。この会も戦前の右翼と同様、他のナショナリスト集団も少数ではあるが、時がくれば決起しよう。『楯の会』は、極端なイデオロギーを、掲げている。天皇崇拝、反共、国防精神、伝統文化への慈《いつく》しみ――といったように、今日の日本の若者がほとんど共感しない価値観である。それでも、今も日本の底流にあるのは、揺るぎないナショナリズムだ。それは、歴史的に右の価値観であり、左ではない。今後どうなるかは、三島氏にかかっている。この屈強な肉体を持つ文学の成功者は、弟子たちに狂信的な忠誠を求める。先週末、三島は私に、『やると決めたからには、後戻りはできない』と語った。日本軍が右翼に訓練を施している。

五年の歳月をかけた計画的で周到な自殺

三島は年々歳をとっていることを、感じ取っていた。初めて日本外国特派員協会に来た時は、三十代に見えた。しかし四年後の一九七〇年には、四十代後半ぐらいに見えた。『豊饒の海』四部作の著述と、『楯の会』という二台の死への乗り物は、同時に進んでいった。そのシナリオが描かれたり、語られたことはなかった。私は三島が死へのシナリオを持っていたと思う。それは『豊饒の海』の執筆とともにはじまり、共に完結したのだった。

三島は一九六六年に『春の雪』を書き終えると、自衛隊における訓練を開始した。六八年に二番目の『奔馬』を書き終えると、『楯の会』を結成した。三番目の『暁の寺』を書き終えると、五人の仲間を選んだ。

この五人が市ヶ谷事件を、起こすことになる。そして四番目の『天人五衰』を、事件当日の日付、一九七〇年十一月二十五日で擱筆《かくひつ》している。

実際に書き終えたのは、七〇年夏だった。三島は、『豊饒の海』の最後の作品を、ドナルド・キーンに早く読ませたかった。三島に確認したことはなかったが、これがマトリックス（作品を完成させる動機）だった。たとえそうでなかったとしても、三島の自決を研究するうえで、わかりやすい道具《ツール》となる。

これは人類史上で知性的、文学的に表現されつつ、具体的な行動を伴った、もっとも緻密で、時間と労力を費やした計画的自殺ではなかったろうか。五年間にわたるカウント・ダウンだったのだ。

おそらく一九六四年か六五年に、計画的自殺がスタートしたのだった。人は、もし、三島がノーベル文学賞を受賞していたら、自殺しなかっただろうと言うが、まったく関係なかった。三島の目的は、ノーベル賞ではなかった。

天皇の「人間宣言」をはじめ、自衛隊のありかたなど、占領軍が破壊した日本の国体を取り戻すことが、目標だった。占領体制を破壊するためには、クーデターや、革命的な手段を辞さない覚悟だった。

おもしろいことに、私が「右翼」という言葉を使うと、三島はいつも私が「やくざ」のことを意味していると、解釈した。三島は私に「その世界とは、一線を画している」と語り、実際に交際はなかった。だから、三島は右翼から会いたいと言われても、交際を断わっていた。

一度、馬込の三島の自宅に贈り物が届けられた。巨大な棺桶だった。三島はこれには震えあがった。危険を感じたのだろう。三島は一年か一年半ほど、警察に自宅の周辺を警備してもらっていた。その期間中、三島と瑤子は、警察によるものものしい警備を我慢しなくてはならなかった。三島にとって右翼とは、そんな位置づけだった。

私は三島の自殺の後に、堤清二《つつみせいじ》からお茶に誘われた。私は堤清二に会ったことがなかったが、三島と堤は親しかった。私は堤の会社を訪ねた。変わった事務室だった。堤に案内されて入ると、和室に小柄な男が、先に来て座っていた。児玉誉志夫《こだまよしお》だった。児玉も生前の三島と、面識があったのだろう。

政治家も、右翼も、占領されたままの日本がこのままでよいのかと、死を賭して訴え、行動することがなかった。三島は命を引換えにして、社会に問題提起をした。現実は今日に至っても変わっていないが、少なくとも三島は、挑戦《チャレンジ》をした。誰か、後に続くかもしれない。

私の義母はいまの日本人は腰抜けだから、そのような人物が現われるのには、きっとあと、二〇〇〇年から三〇〇〇年かかると言っていた。

三島は死んで永遠に生きることを、選んだ。宗教的な殉教者と同じだ。ただ違うのは、三島は自分のためにそのような生き方を、選択したことだ。

三島という男は、怪物《モンスター》だ。聖人か、さもなくば悪魔だった。私はいつの日か、三島が悪魔だったと、思うかもしれない。いつの日か、やはり聖人だったと思うかもしれない。あるいは、天才だったと結論づけるかもしれない。私自身も三島の評価を、いまだに決められない。

マッカーサーの唾棄すべき傲慢と不実

日本外国特派員協会の斜め向かいに、第一生命ビルがある。マッカーサーは皇居を見下ろすこの建物に、総司令部を構えた。マッカーサーはすべてを、まるでドラマの場面のように演じた。自尊心の自家中毒によって病《や》んでいた人間だった。この総司令部も、マッカーサーの演出に一役買っていた。

占領軍については、さまざまな批判があるだろう。しかし、私が受け入れ難いのは、その傲慢《ごうまん》な態度だ。ドイツのニュールンベルグ裁判は、イギリスが主導した。そのために、アメリカに出番がなかった。マッカーサーは、単に日本人への復讐や、アジアへの見せしめに加えて、世界へアメリカの正義を発信しようと、「東京裁判」という芝居を上演したのだ。

日本外国特派員協会は、マッカーサーの日本占領と同時に設立された。理由は、アメリカによる日本占領がいかに正しく、人道的であり、歴史の偉業であるか、全世界へ向けて報道させるためだった。

日本外国特派員協会の会旗《バナー》にも、「一九四五年設立」と占領の年が、誇らしげに刻まれている。いわば日本占領の、もっといえば東京裁判史観を、世界中に撒き散らした総本山が、日本外国特派員協会といってよい。マッカーサーはメディアの力を目いっぱいに活用して、自らのエゴを美しく飾り立てた。

連合国軍総司令部という公的な組織のような名称を冠しているが、GHQはマッカーサー一人のものだった。マッカーサーの意志がすべてだった。だから、そこにマッカーサーのエゴが、映画プロデューサーのような見てくれの演出を好む、ナルシストの性格が露《あら》わに映し出されていた。

私はこの五年ほど、黒船来航で知られるマシュー・ペリーについて、研究してきた。その過程で、GHQのマッカーサーについても、比較対照のために調査《リサーチ》を重ねた。その研究の一部は、加瀬英明氏との共著『なぜアメリカは、対日戦争を仕掛けたのか』（祥伝社新書、二〇一二年）で紹介しているので、合わせて読んでいただきたいが、ペリーも、マッカーサーも自己顕示欲が過剰で、自分のパフォーマンスを何よりも優先して考える人間だった。

日本の占領政策も、東京裁判も、マッカーサーの内面が、日本占領になって露出した姿そのものなのだ。その傲慢と不実は、唾棄すべきものだ。

マッカーサーは、日本の「将軍《ショーグン》」を気取っていた。しかも実際の将軍と異なり、その権限はまさに全能《オールマイティー》で、神のようであった。神の御業《みわざ》の地上代行者だと過信して、天皇も含めて、すべての被造物を意のままに操る、まるで創造主であるかのように振る舞い、国際法も一切遵守することなく占領政策を策定し、推進した。

自ら全世界に向けて、アメリカの正義がどのようなものかを、発信しようとした。未開の人々に、文明とはどのようなものか、正義とはどのようなものか、すべてのことがどのように解釈され、判断されるべきなのか、自分のパフォーマンスを基準として、演出した。

おぞましい矛盾だ。正義を貫くというパフォーマンスに、正義のかけらもなかった。文明も、正義も、公正も、アメリカが美徳として誇って掲げるものが、日本の占領には存在しなかった。

ところが、朝日新聞をはじめとする当時の日本の新聞は、マッカーサーを生き神のように進んで讃美して、崇《あが》めた。日本の新聞には、ヒトラーや、マッカーサー、毛沢東《もうたくとう》を崇拝する体質がある。

裁かれるべきは戦勝国側だった

占領中にアメリカがしたことは、悪だった。おぞましい復讐であり、リンチであった。完璧な欺瞞《ぎまん》とナンセンスだけが、そこに残された。

マッカーサーは、白人の優越《ホワイト・スプリーマシー》を示そうと意図した。古くはプラトンやソクラテスの活躍したギリシャ文明にまで遡《さかのぼ》る、西洋の文化や文明による優越を、小さな黄色い種族の未開で、野蛮な社会に見せつけようと試みた。文明とはどのようなものか、思い知らせてやろうと思った。

日本の全国民が、東京裁判の被告だった。文明の崇高な叡智《えいち》を、ただ素直に、無批判に受け入れればよかったのだ。これが、マッカーサーの高飛車な姿勢だった。

ところが、今日、日本の大新聞や、文部科学省、教員をはじめとする多くの日本国民が、占領時代の卑屈な態度が身に沁《し》み込んで、東京裁判史観を受け入れて、占領政治がよかったと信じているから、マッカーサーは大きな成果をあげたといえる。今日の日本はいまだに、マッカーサーの日本である。

しかし、何が起こったかといえば、東京裁判の法廷で裁かれそうになったのは、西洋世界のあり方そのものだった。私はこれこそ、東京裁判の核心だったと思う。勝者の側が裁かれるべき立場であることが、法廷で明らかになったはずだった。

マッカーサーの意図と反して、検察として罪を告訴する側が、もっとも重い罪を数々犯してきていた。真逆の真実が、白日の下に曝《さら》け出されそうになっている。予期しない逆転だ。われわれ西洋人のほうが、西洋人こそが、西洋文明こそが、裁かれてしかるべき罪を犯してきた。

裁かれるべきは、戦勝国側だった。そして公正という、われわれが高らかに掲げてきた美徳を、規範を、原則を葬《ほうむ》り去って、裁判という名に値しない茶番劇を続けた。フェア・プレーの精神を地に貶《おとし》めて、欺瞞を貫いた。それが東京裁判だった。

西洋文明が行なったことは非文明の所作であり、正義《ジャスティス》はまったく実践されなかった。恐ろしい、悲しいこと《ピティ》であり、邪悪なこと《イーヴィル》でもあった。

ウェッブ裁判長はオーストラリアへ戻って隠居した後に、「あの裁判は誤っていた」と、語っている。

先日も、市ヶ谷の極東国際軍事法廷が開かれた場所を訪れたが、暗澹《あんたん》とした気分にとらわれた。ところが、東京裁判が憎悪に駆られて行なわれたと訴える西欧米の学者は、誰一人としていない。これは、重大なことだ。

第四章　橋下市長の記者会見と慰安婦問題

橋下《はしもと》大阪市長の失策

「慰安婦」問題について、橋下徹《はしもととおる》大阪市長が日本外国特派員協会で、記者会見を行なった。

三〇〇名以上の外国メディアの特派員、ジャーナリストが集《つど》ったため、メインの記者会見場は、立ち見で取材をするスペースもなく、別に二つの中継会場を設けたが、そこも満杯となった。エレベーター前から控室までの廊下も、テレビカメラやスチール写真のためのカメラによって埋め尽くされた。

記者会見場がある二〇階のみならず、記者のワークルームや、図書室のある一九階も記者たちで溢れていた。一九階から二〇階へ通じる階段も、カメラマンでいっぱいだった。いったいどんな写真が撮れるというのだろう。私もこれほど多くの人で溢れた記者クラブを見たのは、初めてだった。立ち見すらできない特派員も多かった。

二〇一二（平成二十四）年九月に、安倍晋三《あべしんぞう》氏をはじめ自民党の総裁選の候補者五人が揃った時も、これほどの報道陣は集まらなかった。あの時の一〇倍はカメラマンが来ていた。

橋下市長は、すでに印刷されたペーパーを日英両語で用意していた。いつもカメラに映るエネルギッシュな印象と違って、神妙な面持《おもも》ちだった。真剣な顔つきで「私がほんとうに言いたいのは……（What I really want to say……）」と繰り返した。

初心《うぶ》な政治家しか、そんな言い方をしない。自分の能力が不十分であることを告白しているようなものだ。「私が言いたいのは……」と言うのは、まわりくどい。

橋下市長は、いつも時間の許す限りすべての質問に答えるという姿勢で、記者会見に臨《のぞ》んでいるそうだが、質疑応答は間延びして、緊迫感を欠いていた。

中身について言えば、慰安婦の問題を、橋下市長はまるで日本だけが批判をされているように受けとめていた。そんなことはない。戦場での性の問題は世界中で論じられていて、人権問題として取り上げられている。だが「なぜ日本だけが問題とされるのか」との発言が逆手《さかて》に取られて、「他の国もやっているじゃないか」と弁明しているように、発信されてしまった。橋下市長が発言の真意が伝わらないことに、苦労しているようで、気の毒だった。

私の半分にも満たない年齢で、前途有望な政治家であり、これだけメディアを集めるパワーもある。だがテレビの人気番組の出身だから、マスコミを甘く見ていたにちがいない。彼には一流のアドバイザーが必要だった。そうすれば「売春は世界最古の職業だ」とウィットをもって、話題を拡げることもできたろう。

初めて日本にやってきた日の東京での夜

実は、私は初めて日本にやってきた日の夜に、女性を勧められた。一九六四（昭和三十九）年だが、外務省はそうした接待をしていた。銀座のバーに連れていかれ、まるで食事を振る舞うように、女性を連れて帰るように勧められた。

私は若い東京支局長だった。ホテル・オークラに一人で泊まっていた。私が求めたわけではないのに、部屋に会ったことのない女性がいたこともあった。アレンジをしたのは、外務省の報道課長だった。しかし、こうした「慣習」は、東京オリンピック後、なくなった。商談をする部屋に、無料のタバコが置かれる「慣習」がなくなったのと、同じことだ。

こうした「慣習」は日本だけではなく、世界中どこでもあった。会議でタバコを吸うのが、普通の光景だった。売春は東京オリンピックの前に、違法となった。

一九六七年のことだったが、当時、私は『ロンドン・タイムズ』などの東京支局長をしていた。『ロンドン・タイムズ』のオーナーでカナダ人のロイ・トンプソンが東京にやってきた。

巨漢で、七十歳だった。当時の唯一の国際空港だった羽田に出迎えたが、秘書を連れていなかったので、私が秘書役をさせられると直感した。

彼は銀座のバーに行きたがった。女性の世界に浸りたかったのだ。こういう展開になるのを恐れていたが、案《あん》の定《じょう》だった。私は男性に女性をあてがうことをしたことが、なかった。もちろん、男性をあてがった経験もない。

そうした出来事は、その後、二度あった。若いジャーナリストがやってきたが、そうした接待に興味津々《しんしん》だった。今と状況が違ったのだ。

〝慰安婦〟の進化した形が、東京にも見られたことは、よく知られた事実だ。政府のお膝元で、〝慰安婦〟による接待が行なわれていた。

トンプソンは、「ようし、今夜は、繰《く》り出そう。ミスター・ストークス、案内してくれるね」と言った。そこで赤坂を訪れた。

慰安婦問題が取り沙汰されるようになって、四〇年前の出来事を想い出したというわけだ。

朝鮮戦争の時も、ベトナム戦争の時も、戦場にはかならず慰安婦がいた。

田中角栄も墓穴を掘った危険な記者会見

私が橋下市長だったら、慰安婦問題をどう話したか。記者会見をしないという選択肢もあったと思う。

日本外国特派員協会の記者会見は両刃《もろは》の剣で、けっして甘いものではない。ライオンの口の中に頭を入れるようなもので、いつ噛《か》みつかれるかもしれない。記者は残忍だ。温情は期待できない。特に政治家に厳しい。

私は角さん（田中角栄《たなかかくえい》元首相）と、親しかった。角さんの母上とも、親しくしていた。目白《めじろ》御殿（田中邸）を何度も訪ねた。初めて会ったのは、角さんが大蔵大臣になった時だった。日本経済新聞社が取り持って、『フィナンシャル・タイムズ』東京支局長として、大蔵省で単独会見を行なった。

その時は、大蔵省に行くべきなのに、何を勘違いしたか、私は外務省に行ってしまった。外務省で、「田中大臣は大蔵省だ」と言われた。当時は、外国特派員の取材はめずらしく、皆が親切に対応してくれた。インタビューは、私が日本語で行ない、時折、大蔵官僚が通訳の労をとってくれた。

角さんはインタビューの間、私の名刺を指で忙しそうに叩いた。イライラしていたのではなく、エネルギーが溢れ出していたのだ。ボルテージが高い人物だった。

角さんは、横柄《おうへい》で、頭が切れる大蔵省の官僚に囲まれていた。だが私がすごいと思ったのは、角さんが大蔵官僚を恐れていなかったことだ。何でも自由に話せといった雰囲気で、彼らに本音を語らせた。角さんは「コンピューター付きブルドーザー」と形容されていたが、瞬時に出てくる数字は、大蔵官僚の上をいっていた。

その後に党の幹事長となって辣腕《らつわん》を振るい、首相となって「日本列島改造論」をぶち上げ、すごい馬力で政策を遂行していった。大衆から「今太閤《いまたいこう》」と支持され、独特の「田中節」の演説によって大衆を魅了した、実力派の首相だった。

そんな角さんが逮捕される発端となったのが、日本外国特派員協会での質疑応答だった。角さんは回答の準備をしてなかった質問に、答えてしまった。「文藝春秋」の「田中金脈」を暴いた記事が重要なことはわかっていたが、その質問に対する準備をしていなかった。

秘書の早坂茂三《はやさかしげぞう》氏はメディアを担当していて、私を含め多くの外国特派員を知っていた。早坂氏は角さんに事前に準備させておくべきだった。記者会見をキャンセルすることも、選択肢のひとつだった。

首相にとってマイナスになる可能性があるのなら、キャンセルすることが重要だ。場合によっては、訊問するような姿勢で追及してくる記者もいる。回答できない質問には、「ノー・コメントと言って片付けることもできる」と、早坂氏はアドバイスすることもできた。

日本の大新聞の記者は、日本独特の記者クラブ制度や、政治家の〝番記者〟システムによって、政治家にすっかり懐柔されて、飼い馴らされている。それによって政治家の側に記者を恐れるということがない。角さんの場合、そのことが致命的となった。

田中角栄首相がロッキード事件で逮捕される以前にも、鳩山一郎《はとやまいちろう》首相の例があった。早坂氏は一九四六（昭和二十一）年の春に、日本外国特派員協会で起こったことを、事前にブリーフィングしておくべきだった。

日本外国特派員協会のディナー・パーティーに招かれた鳩山首相は、酒を持参した。鳩山としては日本の儀礼として、倶楽部に酒を贈呈したのだろうが、外国特派員は、賄賂《わいろ》として受け止めた。もっとも、日本の慣習に無知な外国記者のほうが、咎《とが》められるべきかもしれないが、結果として悪意を持ってしまった。

カナダ人のマーク・ゲイン記者が、そうだった。日本の首相に向かって敵対的な質問を次々と浴びせ、鳩山は面子《めんつ》を失った。翌日の日本の新聞に、鳩山が政治家として失格だと批判する記事が載《の》った。連合国総司令部が、鳩山を政界から追放する指令を下す展開になった。

鳩山は占領下の六年間、政界から追われてしまった。早坂氏もこのことは知らなかったのかもしれない。

それなら、角さんはどうしたらよかったか、私に相談してくれれば、よかった。しかし、多忙だったのだろう。当時は、中国との国交回復後で、秘書も大忙しだった。

鳩山の例に照らしてみても、外国人記者倶楽部は、危険地帯だとわかる。橋下市長も、角さんに起こったことなどを調べて、もっと警戒するべきだった。

橋下市長の「慰安婦」に関する一連の報道は、彼が女性の人権をないがしろにしているという印象を与えた。もちろん、橋下市長は不本意だろう。そこで日本外国特派員協会で、あの記者会見を開いた。

効果的に伝えたいなら、もっと違ったやりかたがあったろう。テレビで、日本で尊敬されている女性と対談をするという手もあった。また会場にしても、ホテルのような中立的《ニュートラル》な場所で会見したほうが、まだよかった。外国人記者倶楽部は、中立《ニュートラル》の場ではない。

戦場における「慰安婦」の歴史

ここで、戦場における「慰安婦」の歴史をざっと概観してみよう。

ヨーロッパ人から見ると、十八世紀まではヨーロッパ全土を巻き込む戦争がなかった。戦闘は市街地ではなく、広大な平野や山間部で行なわれた。死者も破壊も限定されていた。それがナポレオンの征服戦争で、すべてが変わった。戦争は大規模になり、この暴力がヨーロッパからアジアへと拡散していった。アヘン戦争も、その一例だ。

現代病としての戦争は、ナポレオンから広まり、社会全体に塗炭《とたん》の苦しみを与えるようになった。ナポレオンによって戦争のありかたが変わり、国全体を巻き込むようになった。

この過程で、兵士相手の売春も拡大した。かつて戦場に伴われた女性は、トロイ戦争のヘレンのような王族だけだったが、今日ではシリア、レバノンなどの戦争地帯は、パリ、ロンドン、ニューヨークとならんで世界屈指の売春地帯となっている。

売春はビッグ・ビジネスだ。商魂たくましい女衒《ぜげん》は、チャンスを見逃さない。売春は世界で最古の商売であり、売春を世の中から根絶させることは、戦争をこの世から消滅させるぐらいに難しい。

女性や子どもは、誰よりも保護されるべき存在だが、戦争における人権の蹂躙《じゅうりん》は女性に限らない。

歴史を振り返れば、日本は兵士の性処理に当たっておおむね秩序を保って対応した。戦場のどこであっても、現地の女性の人権が蹂躙されることがないように、「慰安所」を設置した。性病が蔓延《まんえん》して、軍として機能しなくなった歴史の教訓がある。慰安所の存在が、一般女性への強姦を防ぐことにもなった。日本は女性の人権に、他国よりもはるかに配慮していた。

慰安婦の問題は、今後も戦争のたびに論議されよう。私もベトナムでその現実を目にした。今日のホーチミン市にあたるサイゴンには、売春婦が屯《たむろ》していた。韓国も、他国のことを批判できるような立場にはない。アメリカも日本を占領した時に、真っ先に要求したのが、アメリカ兵のために売春施設を設けることだった。

GHQの総司令部内部で、キリスト教グループと賛否をめぐって、鬩《せめ》ぎ合いもあった。アメリカに渡って植民地を築いたのは、清教徒《ピューリタン》たちだった。アメリカ占領軍には清廉なクリスチャンもいれば、世俗的な幹部もいた。

今日のマカオの賭博場での最高のサービスは、セックスだ。一般の社会でも、慰安婦が厳然として存在している。性サービスが終焉《しゅうえん》する日が来るだろうか。答はノーだ。それどころか拡大している。

ペリーは大勢の男たちを引き連れて、アメリカからアフリカの喜望峰《きぼうほう》を回って、日本までやってきた。黒船艦隊に乗っていた男たちの夢は、東洋の女性と性交をしまくることだった。

現代では売春は違法として取り締まられているが、今日の銀座でも闇商売として存在していよう。

韓国の主張に対する説得力ある反論

慰安婦問題について、加瀬氏が風刺に満ちた論文を書いている。指摘したのは、韓国の慰安婦問題だ。加瀬氏はかつて韓国を訪れて実情を目にしているから、説得力がある。当時、『東亜日報』などの大手新聞にも「慰安婦」という表現をそのまま使った募集広告が出ていたという。

さらに宋玉連・金栄編著『軍隊と性暴力—朝鮮半島の20世紀』という韓国の学者がまとめた研究報告から引用して、韓国の主張を論破しているが、その報告書によると、朝鮮戦争勃発により、韓国に米兵相手の慰安婦が誕生し、彼女たちは「洋公主《ヤンコンジュ》」（外人向け王女）、「洋《ヤン》ガルポ」（外人向け売春婦）、「国連夫人《ユーエヌプイン》」などと呼ばれ、また米軍のための売春地区は、「基地村《キチジョン》」と呼ばれていた。

そして慰安婦の目的を、「第一に一般女性を保護するため、第二に韓国政府から米軍兵士に感謝の意を示すため、第三に兵士の士気高揚のため」と報告している。韓国陸軍の「慰安婦」に関する研究が発表されると、国防部資料室にあった「韓国軍慰安婦関連資料」の閲覧が、禁止された。

加瀬氏は、「ソウルの国会と、アメリカ大使館前にも、慰安婦像を設置することになるのだろうか」と、痛烈な皮肉で論文を締め括っている。

茂木弘道《もてぎひろみち》氏の論考は、いまでは外国特派員の中でよく知られた存在になっているが、論理的で、説得力がある。残念ながら英語でそうした反論を発信している人が、他にいない。茂木論文は、論理が緻密に構築されている。そのなかで、私が注目したのは「歴史通」誌に掲載された「慰安婦の素顔」という論文だ。

この論文が上手《うま》いのは、韓国人が主張している視点を、日本側の論拠としている点だ。たとえば、アメリカの国会図書館にある慰安婦に関する「朝鮮人に対する特別尋問」という資料のなかで、太平洋戦争中にアメリカ軍が捕《とら》えて訊問した、朝鮮人軍属がこう答えている。

「太平洋の戦場で会った朝鮮人慰安婦は、すべて売春婦か、両親に売られたものばかりである。もしも女性たちを強制動員すれば、老人も若者も朝鮮人は激怒して決起し、どんな報復を受けようと日本人を殺すだろう」

茂木氏は「誇り高い韓国人なら当然こう言うだろうし、実際もし強制連行などが行なわれたなら、間違いなく暴動が起こったであろう、と納得した」と、コメントしている。

また、「韓国人が言わなかったこと」も、論拠にしている。李承晩《りしょうばん》のことだ。

李承晩大統領は強硬な反日政策で知られるが、徴用に対する補償も含め、あらゆる要求を敗戦国日本に突きつけた。だが、その李承晩でさえも、「慰安婦に補償をしろなどという、あまりにも非常識なことは言わなかった。当たり前である。別に慰安婦のことが知られていなかったのではなく、当時は慰安婦がどういうものか、誰でも知っていたからである」と、結んでいる。

祥伝社新書

S H O D E N S H A
S H I N S H O

米国の資料にみる、日本の「慰安所」の実態

「慰安婦《コンフォート・ウーマン》」という表現は、それ自体が婉曲表現《ユーフイミズム》のように感じられて、ストレートに受け入れ難い。日本人や韓国人は、そうした婉曲表現が自然に受け入れられるのかもしれないが、欧米人や特にジャーナリストには、うさんくさく感じられる。

もっとも、マッカーサー元帥が厚木《あつぎ》に着陸してすぐに、日本政府に要求して開設させた、アメリカ兵のための売春施設は、アメリカ軍によって「レクリエーション・センター」と命名されたから、同じことだ。

むしろ、「性奴隷」という表現のほうが、真実のようでしっくりくる。これは、アメリカの黒人奴隷の女性のように、所有者が慰み物にした体験があるから、実感できる。集団レイプや大虐殺も、体験があるので、ストレートに受け入れられる。「性奴隷《セックス・スレイブ》」は、実に忌《い》まわしい表現だが、実際に存在したので、不自然ではない。

ところが「慰安婦」という表現は、いかにも忌まわしい実体を、誤魔化しているように響く、端《はな》から実体を隠しているように、聞こえる。

そもそも、日本には、歴史を通して奴隷制度がなかった。まして、女性を「性奴隷」としたことなどなかった。

戦争も、西洋のように大虐殺や、女性の強姦を伴わなかった。戦国時代の合戦は兵同士のもので、民衆を巻き込まなかった。

農民は合戦があると、弁当を持参で土手の上などから、見物した。

戦国時代が終わって、ほどなくして、徳川幕府による江戸時代が始まった。日本では二六〇年におよぶ平和が、明治維新まで続いた。

むしろ男女の大虐殺や、処女の集団強姦は、キリスト教世界のお家芸だ。たとえば、聖書の「民数記《みんすうき》」では、神の宣託を受けたモーゼが、異教徒は、「男も女も全員虐殺」することを命じている。さらに、「男を知らない処女は、分かち合え」というのだから、恐ろしい。

日本の「慰安婦」の実体は、もちろん「性奴隷」ではまったくない。売春婦だった。そのことを、米国側の資料が裏付けしている。

米国戦争情報室の心理戦争チームの報告によると、一九四四（昭和十九）年八月、ビルマ奥地のミッチーナで朝鮮人（当時は日本国籍）慰安婦《コンフォート・ガール》を聞き取り調査し、「売春婦《プロスティチュート》にすぎない」、商売目的の「キャンプ・フォロワー」だとしている。

ここで言うキャンプ・フォロワーとは、兵士たちを追って、「世界最古の商売」を展開する女性たちを意味している。

スタインベックの小説『エデンの東』にも描かれているが、西部開拓時代に、娼婦を乗せたワゴンが、男たちを追って戦場を走り回った。

米国の報告書は、日本軍の慰安所や慰安婦の実情を、詳細に述べている。それによると、「奴隷」どころか、慰安婦のほうがはるかに立場が上のように感じてしまう。

慰安所の団体待合室で兵士は、サービスを受ける順番を待つ。兵士は、お互いに恥ずかしそうでもあった。需要が供給より多いので、自由時間にサービスを受けられず、がっかりして兵舎にもどる兵士もいた。酔っ払っている客は、拒否もできた。

慰安婦は将兵とピクニックに行ったり、スポーツを楽しんだりしていた。故郷に帰ることも、自由にできた慰安婦たちもいた。

「奴隷《スレイブ》」と表現するのが、まったく間違いなのは、慰安婦はサービスを提供して、その対価を得ていたことである。上等兵が月一〇円の収入であるのに対し、慰安婦は、その三〇倍の三〇〇円の月収を得ていた。これは高級娼婦だ。

では、日本はどのように対処すべきか

朝鮮人の文玉珠は、九〇年代に東京地方裁判所で訴訟を起こした。半世紀前に慰安婦として得たはずの収入の返還を求めるものだった。調査の結果、残高は二万六〇〇〇円だった。戦時中であれば、東京に大きな家を五軒建てられる金額に相当する。

「史実を世界に発信する会」などから、英文で提供される資料を読むうちに、日本の将兵がいかに慰安婦を大切に扱っていたか、痛感した。さらに、慰安婦も、戦地で戦う将兵を、心と体で支えていたのだと思うようになった。

慰安婦《イン・オーナー・オブ・ザ・コンフオート・ガール》の名誉のために、「性奴隷」という名誉の毀損《きそん》は、許されない。彼女たちも、今日、明日は命を失うかもしれない母国の戦士たちと、心情をひとつにしていたのだ。

一九四四（昭和十九）年の秋に、中国とビルマの国境にあった拉孟《ラモー》要塞で起こった出来事は、特筆に値する。

米軍指導下の支那軍五万人が、一二〇〇名の日本将兵が守る要塞を攻めた。慰安婦も、要塞へ逃げ込んだ。戦闘は四カ月に及んだが、玉砕より道はなかった。守備隊長は慰安婦に、山を降りて投降することを勧めた。

二〇人の慰安婦のうち、日本人女性一五人は要塞に残り、全滅した。

五人の朝鮮人慰安婦は、守備隊長に「日本人でなければ、殺されない」と諭《さと》され、山を降りて米軍に保護された。

「性奴隷」という表現を使い出したのが日本人だった。外国メディアは、この表現に飛びついて、発信した。「南京大虐殺」も「従軍慰安婦」問題も、捏造《ねつぞう》された情報の発信源は、ほかならぬ日本人だった。

この「慰安婦問題」が大きく報道されると、日本人が邪悪《イーヴィル》だというイメージが、世界にひろめられた。

「世界史で、唯一、若い女性を狩って、外地へ連れ去り、悪を犯した罪深い国民」というイメージだ。

河野洋平《こうのようへい》内閣官房長官が遺憾の意を表明したが、事態は収束していない。日本人どうしは、「すみません」と謝ることで、帳消しにしてもらえるという文化がある。「もう謝っているのだから、許してあげようじゃないか」という慣習によって、対立を解消してきた。しかし、国際社会では、謝罪することは、罪を認めることを意味し、認めた罪は償《つぐな》いをしなければならない。

日本はどのように対処すべきか。答は、すべての事実を明らかにして、発信してゆくべきだ。

中国や、韓国は、日本が反駁《はんばく》しないことをいいことに、謀略宣伝《プロパガンダ》に利用している。

このままでは「慰安婦」問題は、ずっと日本が世界中から糾弾され続けることになる。

私が初めて訪韓した時は、私はまだ二十代の外国特派員だった。韓国について、旺盛な好奇心を持っていた。しかし、三十歳に近かったので、分別もあったから、危険な世界には、立ち入らなかった。

日本へ外国特派員として赴任した時のように、女性接待を受けたかといえば、そうしたことはなかった。ただ韓国人の同僚ジャーナリストから、夜の街に繰《く》り出そうと誘われた。「とってもエキサイティングなところへ、案内するよ」と言われた。

この韓国人ジャーナリストは、私の親しい友人で、家が並んだ街へと案内してくれた。それぞれの家の入口に、一人か二人の女性がいた。赤線地帯《レッドライト・デイストリクト》だった。そんなところを訪れたのは、初めてだった。

友人が一軒の家に入っていった。私も別な家へと入ってみた。するとわずか五分か、七分かそこいらで、友人が叫ぶのが聞こえた。

「ここを出る。行くぞ。ついて来い。もうここには、来ない」と、そう友人が言った。何かトラブルがあったようだった。私は彼に従った。もともと赤線地帯《レッドライト・ディストリクト》に行きたいと、私が言い出したわけではなかった。私を口実に友人は、そこを訪れたかったのだろうが、私はそれほど強い好奇心は、湧かなかった。

一九七〇年代後半に、私は妻を同伴して韓国を二度訪れた。最初の夜は、妻と予約したホテルの部屋に入った。すると、フロントから電話が入った。

「あなたは、女性と同室している。どういうことなのか、説明してほしい」と言うのだ。私は「降りていく必要などない。いるのは、私の妻だ」と言った。

「慰安婦《コンフォート・ウーマン》」は、「性奴隷《セックス・スレイブ》」ではない。当時は合法だった売春婦が、女衒に雇われて、軍人相手の商売をしていたというのが、事実だ。そうした売春婦の中には、親に売られたり、不幸な身の上を余儀なくされた女性たちもいただろう。

しかし強姦《レイプ》がまったくなかったと、そう主張することは、幻想的な話で、信憑《しんぴょう》性を欠く。「強姦はまったくなかった《ノー・レイプ・アットオール》」と言うと、常識に照らしてありえない。

「強姦はまったくなかった《ノー・レイプ・アットオール》」と言うのなら、日本には強姦事件が皆無であるはずだ。日本軍将兵には、「強姦はまったくなかった《ノー・レイプ・アットオール》」としたら、それは奇跡のような出来事だ。

黒澤明は、そんなことを信じなかったろう。黒澤の有名な映画『羅生門』は、この問題を主題としている。殺人と強姦をめぐって、四人の目撃者と三人の当事者が証言をする。しかし、それぞれが矛盾をしているので、真実がどこにあるのかがわからない。

私もその一人だが、日本を愛する外国人は、こうした極論を懸念している。「何かが《サムシング・》まったく存在しなかった《デイドント・イグジスト・アットオール》」という立ち場《ポジショニング》による主張は、極論に過ぎる。

第五章　蔣介石、毛沢東も否定した「南京大虐殺」

情報戦争における謀略宣伝《プロパガンダ》だった「南京」

日本外国特派員協会では、そのときどきの話題の本の著者を招いて講演してもらっている。「ブック・ブレイク」と呼ばれている。

南京事件について『「南京事件」の探求』（文春新書、二〇〇一年刊）を書いた、北村《きたむら》稔《みのる》立命館大学教授に来てもらったことがあった。

京都から通訳を連れてやってきてもらっても、特派員協会が負担をするわけではない。すべて自前だ。

ジャーナリストは、つねに懐疑心を持っている。疑う能力が頼みで、他に何の特技を持っていない。ジャーナリストは、そのように訓練されている。事実を目にするまで、信じない。

私は北村教授の講話を聞いて、「南京大虐殺事件」について、はじめて事実に目を開くようになった。それまでは、日本軍が南京で大虐殺を行なったという、アメリカや、ヨーロッパにおける通説を、信じ込んでいた。

以来、私なりに時間を割《さ》いて「南京事件」について、研究を始めた。日本の大新聞の記者や、大学教授や、外務省の幹部職員まで、多くの者が「南京大虐殺」が行なわれたという、旧戦勝国の宣伝をいまだに信じている。

私は歴史学者でも、南京問題の専門家でもない。だが、明らかに言えることは、「南京大虐殺」というものが、情報戦争における謀略宣伝《プロパガンダ》だということだ。

その背後には、中国版のＣＩＡが暗躍していた。中国の情報機関は、イギリスの日刊紙『マンチェスター・ガーディアン』中国特派員のＨ・Ｊ・ティンパーリーと、密接な関係を持っていた。

ティンパーリーは『ホワット・ウォー・ミーンズ（戦争とは何か）』と題する本を著して、南京での出来事を造り上げ、ニューヨークとロンドンで出版した。この著作は当時、西洋知識人社会を震撼させた。「ジャーナリストが現地の様子を目の当たりにした衝撃から書いた、客観的なルポ」として受け取られた。いまでは国民党中央宣伝部という中国国民党の情報機関がその内容に、深く関与していたことが、明らかになっている。

ティンパーリーの本は、レフト・ブック・クラブから出版された。この「左翼書籍倶楽部」は、北村教授の調査によると、一九三六年に発足した左翼知識人団体で、その背後にはイギリス共産党やコミンテルンがあったという。

さらに、ティンパーリーは、中国社会科学院の『近代来華外国人人名事典』にも登場するが、それによれば、「盧溝橋《ろこうきょう》事件後に国民党政府により欧米に派遣され宣伝工作に従事、続いて国民党中央宣伝部顧問に就任した」と書かれている。

また、『中国国民党新聞政策之研究』の「南京事件」という項目には、次のような詳細な説明もある。

「日本軍の南京大虐殺の悪行が世界を震撼させた時、国際宣伝処は直《ただち》に当時南京にいた英国の『マンチェスター・ガーディアン』の記者のティンパーリーとアメリカの教授のスマイスに宣伝刊行物『日軍暴行紀実』と『南京戦禍写真』を書いてもらい、この両書は一躍有名になったという。このように中国人自身は顔を出さずに手当を支払う等の方法で、『我が抗戦の真相と政策を理解する国際友人に我々の代言人となってもらう』という曲線的宣伝手法は、国際宣伝処が戦時最も常用した技巧の一つであり効果が著しかった」

北村教授は国際宣伝処長の曽虚白《そうきょはく》が、ティンパーリーとの関係について言及している事実を、紹介している。

「ティンパーリーは都合のよいことに、我々が上海で抗日国際宣伝を展開していた時に上海の『抗戦委員会』に参加していた三人の重要人物のうちの一人であった」

「彼が（南京から）上海に到着すると、我々は直に彼と連絡をとった。そして彼に香港から飛行機で漢口《かんこう》（南京陥落後の国民党政府所在地）に来てもらい、直接に会って全てを相談した。我々は目下の国際宣伝において中国人は絶対に顔を出すべきではなく、我々の抗戦の真相と政策を理解する国際友人を捜して我々の代弁者になってもらわねばならないと決定した。ティンパーリーは理想的人選であった。かくして我々は手始めに、金を使ってティンパーリー本人とティンパーリー経由でスマイスに依頼して、日本軍の南京大虐殺の目撃記録として二冊の本を書いてもらい、印刷して発行することを決定した」

このように、南京大虐殺を同時代の世界に発信した最も重要な英文資料は、中国版CIAによって工作されていた。工作活動が大規模であったことも、曽虚白の説明で裏付けられる。

「我々はティンパーリーと相談して、彼に国際宣伝処のアメリカでの陰の宣伝責任者になってもらうことになり、トランスパシフィック・ニュースサービスの名のもとにアメリカでニュースを流すことを決定した。同時に、アール・リーフがニューヨークの事務を、ヘンリー・エヴァンスがシカゴの事務を、マルコム・ロシュルトがサンフランシスコの事務を取り仕切ることになった。これらの人々はみな経験を有するアメリカの記者であった」

曽虚白はアメリカに宣伝の重点をおいたが、トランスパシフィック・ニュースサービス駐在事務所の名で、ロンドンでも宣伝活動を組織的に実行した。

つまり初めから、「南京大虐殺」は中国国民党政府によるプロパガンダであった。ティンパーリーは中国国民党政府の工作員さながらの活動を、展開した。

北村教授の本のポイントは、さまざまな西洋人が中国版ＣＩＡと深く関わっていたということだ。中国のプロパガンダ組織は、その活動を通して、西洋人を利用できると自信を深めた。

ティンパーリーが中国情報機関からも金を貰《もら》っていたことは、間違いないが、いったいどのくらい貰っていたのかは、明らかになっていない。

北村教授の本によると、ティンパーリーは、犠牲者数として「三〇万人」という数字を本国へ伝えた。いったい、この「三〇万」という数字は、どこからきたのだろう。北村教授は中国の情報機関がティンパーリーを通じて、世界に発信したとしている。

一九三八年初頭で、中国の情報機関が十分に整備されていなかったが、ティンパーリーの働きは絶大で、中国の情報機関も驚愕し、味を占めた。

日本人は野蛮な民族だと、宣伝することに成功した。中国人は天使であるかのように位置づけられた。プロパガンダは大成功だった。

中央宣伝部に取り込まれた南京の欧米人たち

「南京事件」の専門家として、東中野修道《ひがしなかのしゅうどう》亜細亜大学教授もよく知られている。東中野教授が著した『南京事件　国民党極秘文書から読み解く』（草思社）も、驚愕の事実を明るみに晒《さら》している。

中央宣伝部の宣伝工作概要は「各国新聞記者と連絡して、彼らを使ってわが抗戦宣伝とする」として「われわれが発表した宣伝文書を外国人記者が発表すれば、最も直接的な効果があるが、しかしそのためには彼らの信頼を得て初めてわれわれの利用できるところとなる。この工作は実に面倒で難しいが、決して疎《おろそ》かにしてはならない」と記している。

国際宣伝処が中国に駐在する各国の新聞記者、外国公館の武官や、ニュース専門委員を集めて開いた記者会見は、一九三七年十二月から一一カ月で三〇〇回を数え、外国特派員および外国駐在公館職員の参加は、毎回平均三五人だった。ところが、この三〇〇回にわたった記者会見で、国際宣伝処が「虐殺」に言及したことは、一度もなかった。

宣伝工作概要の報告によると、記者たちは報道について検閲を受けていた。

「あらゆる電報は初級検査を受けたのち、問題がなければ、検査者が本処（国際宣伝処）の『検査済みパス』のスタンプを押し、電信局へ送って発信する。もし取消しがある場合は『〇〇の字を取消してパス』のスタンプか、或いは『全文取消』のスタンプを押す。……」

外国特派員は中央宣伝部の検閲を受け、結果的に協力したか、積極的に協力したのだった。

一九三七年十一月七日に、南京に国際委員会が、設立された。非戦闘員を保護する目的で安全地帯をつくるためだった。十一月二十二日に、ジョン・ラーベが代表に推された。

国際委員会への工作活動も、徹底していた。ラーベはドイツのシーメンス社南京支社長だった。時を同じくして、中央宣伝部がお茶会《ティーパーティー》を始めた。二十三日のことだった。ラーベは「日記」にこう書いている。

「十七時。前の外交部長（外務大臣）で現在は国民党中央政治委員会秘書長の張群氏邸でティーパーティー。約五十人のアメリカ人やヨーロッパ人の他に出席していたのは次の各氏だ。防衛軍司令官唐生智、首都警察庁長官王固盤、南京市長馬超俊。『いい考え』があるということだった。なんでも、われわれ後に残ったヨーロッパ人やアメリカ人が、毎晩八時から九時に国際連歓社《クラブ》で落ちあい、そこで中国人指導者もしくはその代理人と接触できるというのである」

国際連歓社は、中国人と外国人が交流するために国民党政府が運営した。そこには各国大使館代表、ビジネスマン、宣教師、外国特派員が約五〇名集い、毎日夜の八時半から九時半まで、防衛軍、警察庁、南京市の代表と会見した。

中央宣伝部はこうした特権を与え、検閲を巧みに使って、外国人たちを国民党政府に取り込んでいった。そのサービスぶりは驚くほどだった。外国人記者などが取材に来ると、外事課が政治、経済、交通、金融、工業、社会一般などさまざまな質問に、それぞれの担当長官に引き合わせ、回答を得られるように取り計らった。会見は外事課が通訳を担当し、長官に会見相手の略歴と政治傾向を事前に説明し、どこまで話して良いか判断材料まで提供した。外国特派員は、中国シンパとして、すっかり取り込まれていった。
外国特派員に、国民党政府の意向に沿った記事を書いてもらうために、中央宣伝部国際宣伝処は細心の注意を払っていた。そのことが、宣伝工作概要から読み取れる。

「外国人記者たちは、平素は当処（国際宣伝処）が誠心誠意宣伝指導にあたっていることから、そうとうに打ち解けた感情を持っている。そのほとんどはわが国に深い同情を寄せてくれているが、しかし新聞記者は何かを耳にすると必ずそれを記録するという気質を持っているので、噂まで取り上げて打電することにもなりかねない。含蓄をこめた表現で、検査者の注意を巧みに逃れることにも長《た》けている。中国駐在記者が発信した電報を各国の新聞が載せれば、極東情勢に注目している国際人士はそれを重視するものであるから、厳格に綿密に検査する必要がある。妥当性に欠けるものは削除または差し止めにしたうえで、その理由を発信者に説明し、確実に了解を得られるようにして、その誤った観点を糺《ただ》した」

中国四千年の歴史というが、その歴史は日本とまったくちがって、万世一系の天皇を戴《いただ》く王朝の歴史ではない。新たに天命を受けた王朝が、易姓革命によって、それまでの歴史を抹殺し、四千年にわたって紡《つむ》ぎあげて捏造《ねつぞう》された歴史の連続が、中国史の本質である。その熟練した技が、いかに歴史を創作するか、目の当たりにするようだ。

「南京大虐殺」を世界に最初に報道した記者たち

「南京大虐殺」と称される出来事を最初に世界に報道したのは、南京にいた外国特派員、『ニューヨーク・タイムズ』のティルマン・ダーディンと、『シカゴ・デイリー・ニューズ』のアーチボールド・スティールの二人だった。南京陥落後の十二月十五日、二人は電気が停《と》まった南京から上海へ向かった。日本軍による南京攻略戦の記事を送るためだった。『シカゴ・デイリー・ニューズ』は十五日に、「南京大虐殺物語」との見出しで、トップの扱いでこのニュースを報じた。

「南京の包囲と攻略を最もふさわしい言葉で表現するならば『地獄の四日間』ということになろう。……南京陥落の物語は、落とし穴に落ちた中国軍の言語に絶する混乱とパニックと、征服軍による恐怖の支配の物語である。何千人もの生命が犠牲となったが、多くは罪のない人たちであった。……それは羊を殺すようであった。……以上の記述は包囲中の南京に残った私自身や他の外国人による目撃にもとづくものである」

ダーディン記者の記事は、『ニューヨーク・タイムズ』に十八日に掲載された。

「南京における大規模な虐殺と蛮行により……殺人が頻発し、大規模な掠奪、婦女暴行、非戦闘員の殺害……南京は恐怖の町と化した。……恐れや興奮から走る者は誰もが即座に殺されたようだ。……多くの殺人が外国人たちに目撃された」

「多くは罪のない人たちであった」とか「非戦闘員の殺害」という表現は、あたかも一般市民の虐殺があったような印象を与える。もしそういう事実があったのであれば、重大な国際法違反であり、大量の民間人を殺害したのならば「大虐殺」の誹《そし》りはまぬがれない。

一九三八年七月、イギリスの日刊紙『マンチェスター・ガーディアン』中国特派員のティンパーリーが、『ホワット・ウォー・ミーンズ（戦争とは何か）』という本を出版したことについては、先に述べた。

この本は、南京陥落前後に現地にいて、その一部始終を見たという匿名のアメリカ人の手紙や、備忘録《メモランダム》をまとめて、南京における日本軍の殺人、強姦、掠奪、放火を告発したものだ。

この本の評価がいっそう高まったのは、その後、匿名の執筆者が国際委員会のメンバーで南京大学教授であり、南京の著名な宣教師として人望のあったマイナー・ベイツと、やはり国際委員会のメンバーで宣教師のジョージ・フィッチ師であると判明したことにあった。ベイツは東京裁判にも出廷し、日本軍の虐殺を主張した。

国民党中央宣伝部国際宣伝処処長の曽虚白がティンパーリーに、「お金を使って頼んで、本を書いてもらい、それを印刷して出版した」と証言していると前述したが、ベイツとフィッチも第三者ではなかった。

ベイツは国民党政府「顧問」であり、フィッチは妻が蔣介石《しょうかいせき》夫人の宋美齢《そうびれい》の親友だった。

ベイツは「その本（『戦争とは何か』）には、十二月十五日に南京を離れようとしていたさまざまな特派員に利用してもらおうと、私が同日に準備した声明が掲載されている」と述べている。その特派員はスティール、ダーディンなどであり、ベイツが渡した「声明」とは次のようなものである。

「（日本軍による南京陥落後）二日もすると、たび重なる殺人、大規模で半ば計画的な略奪、婦女暴行をも含む家庭生活の勝手きわまる妨害などによって、事態の見通しはすっかり暗くなってしまった。市内を見まわった外国人は、このとき、通りには市民の死体が多数ころがっていたと報告していた。……死亡した市民の大部分は、十三日の午後と夜、つまり日本軍が侵入してきたときに射殺されたり、銃剣で突き刺されたりしたものだった。……元中国軍として日本軍によって引き出された数組の男たちは、数珠つなぎに縛りあげられて射殺された。これらの兵士たちは武器を捨てており、軍服さえ脱ぎ捨てていた者もいた。……南京で示されているこの身の毛もよだつような状態は……」

誰一人として殺人を目撃していない不思議

しかしこうした記述は、国際委員会が南京の不祥事を日本大使館に届けた『市民重大被害報告』(Daily Report of the Serious Injuries to Civilians) の内容と、まったく相容れない。

『市民重大被害報告』は、ルイス・スマイス南京大学社会学部教授によって一九三八年二月にまとめられた。全四四四件中の一二三件がティンパーリーの著した『戦争とは何か』の付録に収録され、その後に蔣介石の軍事委員会に直属する国際問題研究所の監修で『南京安全地帯の記録』として一九三九年夏に英文で出版された。それによると南京陥落後の三日間の被害届は次のとおりとなる。

「十二月十三日〜殺人ゼロ件、強姦一件、略奪二件、放火ゼロ件、拉致一件、傷害一件、侵入ゼロ件。

十二月十四日〜殺人一件、強姦四件、略奪三件、放火ゼロ件、拉致一件、傷害ゼロ件、侵入一件。

十二月十五日〜殺人四件、強姦五件、略奪五件、放火ゼロ件、拉致一件、傷害五件、侵入二件」

これは日本側による報告ではない。国際委員会が受理した南京市民の被害届で、日本大使館へ提出されたものである。補足すると目撃者がいる殺人事件は、南京陥落後三日間でゼロであった。誰一人として殺人を目撃していない。

ベイツは、中央宣伝部の「首都陥落後の敵の暴行を暴く」計画に従って、「虚構」の報告を書いたと考えられる。ベイツは聖職者でもあり人望も厚かったので、ウソをでっち上げるとは、スティールもダーディンも思っていなかったのかもしれない。

また二人の特派員にとっては、南京の信頼のおける人物が目撃した報告として報道したが、その真偽の裏は取らなかった。スティールとダーディンは世界で最初に「南京大虐殺」を報道した歴史的栄誉に輝く外国特派員となったが、東京裁判に出廷した時は「頻発する市民虐殺」を事実として、主張することがなかった。

このあとも、外国特派員による「南京大虐殺」の報道が続いて、欧米の新聞に載った。二月一日に、こうした外国特派員の記事を根拠に、国際連盟で中国代表の顧維鈞《こいきん》が演説して、南京市民が二万人も虐殺されたと言及した。

「南京」が虚構であることの決定的証拠

一九三八年四月に、東京のアメリカ大使館付武官のキャーボット・コーヴィルが調査のために、南京にやってきた。米国大使館のジョン・アリソン領事などとともに、ベイツなど外国人が集まって南京の状況を報告した。

コーヴィルは「南京では日本兵の略奪、強姦は数週間続いている。アリソンは大使館再開のため一月六日午前十一時に南京に着いたが、掠奪、強姦はまだ盛んに行なわれていた」と報告している。なぜ、コーヴィルは殺人や虐殺を報告しなかったのか。ベイツまでいたというのに、一人として市民虐殺をアメリカ大使館付武官のコーヴィルに訴えなかった。

コーヴィルが「虐殺」を報告しなかった以上に、もっと摩訶不思議なことがある。アメリカの新聞記事が「日本軍による虐殺」を想わせる報道をしているにもかかわらず、中央宣伝部は「南京大虐殺」を宣伝材料にして国際社会にアピールをしなかった。南京陥落の四カ月後に中央宣伝部が創刊した『戦時中国』(China at War)の創刊号は、「南京は一九三七年十二月十二日以降、金と略奪品と女を求めて隈なく町を歩き回る日本兵の狩猟場となった」と報告しただけで、「虐殺」にはまったく触れなかった。

そもそもベイツもフィッチも、南京城内の安全地帯にいた。前述したように、安全地帯では「大虐殺」どころか、「殺人」の被害届すらわずかしかなかった。それも目撃された殺人はゼロだった。いったい、ベイツやフィッチの描写する「三日間で一万二〇〇〇人の非戦闘員の男女子供の殺人」や「約三万人の兵士の殺害」とは、どこで起こったことなのか。

十二月十五日付のシカゴ・デイリー・ニューズで、スティール記者は「河岸近くの城壁を背にして、三百人の中国人の一群を整然と処刑している」と報じている。ところが、国民党政府もその中央宣伝部も、日本をいっさい非難していない。

ちなみに日本軍が安全地帯から連行した中国兵は、問題がないかぎり市民として登録された。敗残兵は苦力《クーリー》―労働者ともなっていた。苦力は好待遇で、月額五円の給料を支給されていた。日本軍の一等兵の本給は、月額五円五〇銭だった。

中央宣伝部がティンパーリーに依頼し、製作した宣伝本『戦争とは何か』について、興味深い事実がある。同書は漢訳されて『外人目撃中の日軍暴行』として出版された。

ところが、英文版にあったベイツが書いた第三章の文章から、次の①と②の二文が削除されていた。

①「埋葬隊はその地点には三千の遺体があったと報告しているが、それは大量死刑執行の後、そのまま並べられたままか、或いは積み重ねられたまま放置された」

②「埋葬による証拠の示すところでは、四万人近くの非武装の人間が南京城内または城門の付近で殺され、そのうちの約三〇パーセントは、かつて兵隊になったことのない人である」

中央宣伝部は、英文の読者は海外の外国人であるために、バレないと思った。しかし漢訳本となると、中国にいる事情通がこうした記述を読んだら、「それは事実ではない」と批判してくるかもしれない。虚偽の宣伝・プロパガンダだと露見してしまう。そこで二文を削除したと考えられる。

中央宣伝部が「四万人虐殺説」を削除したのは理解できるが、さらに重要なのはベイツが「四万人不法処刑説」を主張する文を漢訳版で削除されたことに納得していることだ。

もっと驚く事実もある。中央宣伝部国際宣伝処工作概要の中の「対敵課工作概況」には、この本の要約が掲載された。

「外人目撃中の日軍暴行」——この本は英国記者田伯烈（ティンパーリー）が著した。内容は、敵軍が一九三七年十二月十三日に南京に侵入したあとの姦淫、放火、掠奪、要するに極悪非道の行為に触れ、軍紀の退廃および人間性の堕落した状況についても等しく詳細に記載している。

この本は中国語、英語で出版したほか、日本語にも翻訳された。日本語では書名を『戦争とは？』と、改めている。日本語版の冒頭には、日本の左翼運動家、青山和夫《あおやまかずお》の序文があり、なかに暴行の写真が多数ある。

本書は香港、上海、および海外各地で広く売られ、そののち日本の大本営参謀総長閑院宮《かんいんのみや》が日本軍将兵に告ぐる書を発し、「皇軍」のシナにおける国辱的な行動を認め、訓戒しようとした。

驚くべきことに、この要約には「大虐殺」「虐殺」どころか「殺人」という言葉も出ていない。唯一の理由は、国民党政府も、中央宣伝部も、国際宣伝処も「南京大虐殺」を認めていなかったということだ。もし「南京大虐殺」が事実であれば、「虐殺」という表現を使って大々的に宣伝していたことだろう。

世界が注目する中で行なわれた、敵の首都陥落戦である。天皇の軍隊である「皇軍」の名を穢《けが》すことがないように、南京攻略軍の司令官だった松井石根《まついいわね》大将が、綱紀粛正を徹底していた。

東中野教授の、南京事件に関する研究は徹底したもので、敬意を表したい。証拠を丹念に調べ、その主張をきわめて論理的に説明して、裏付けている。

さらに加瀬英明氏によれば、蔣介石と毛沢東は南京陥落後に、多くの演説を行なっているが、一度も日本軍が南京で虐殺を行なったことに、言及していないという。このことだけとっても、「南京大虐殺」が虚構であることがわかる。

光州事件の取材体験から言えること

最後に、ジャーナリストとしての私の体験からすると、当時の南京で、本当に何が起こったのかという客観的な事実を把握するのは、きわめて難しいと思う。

一九八〇年五月、韓国で起こった光州《こうしゅう》事件の現場に、私はいた。

ソウルから車で三時間ほどのところにある全羅南道《ぜんらなんどう》の道都の光州は、一九七〇年の統計では、人口五〇万二七五三人だった。

当時、私は『ニューヨーク・タイムズ』東京支局長をしており、光州には取材で入った。私が光州に入ったその日の午後、まず思ったのは、いったい何人が殺されたのか、その殺された人々がいったいどこにいるのか、ということだった。

光州に、多くの外国特派員が入っていた。その時体験したのは、光州ほどの広さの地域だと、武力衝突が起こった時に、いったい何が起こっているのか、すべてを把握するのはきわめて難しいということだった。

死体がころがっていた。銃声も聞こえる。だが誰が誰を撃っているのか。なぜ銃撃戦となっているのか、わからない。

民衆側を率いている者がいるのか。どの人物なのか。何が起こっているかわかっている人物がいるか。把握するのは難しい。

その日と翌日の『ニューヨーク・タイムズ』本社への私の取材報告は、きわめて不十分な内容だった。事件当時、私と欧米の他社の記者は、まったく違うことを書いていた。まったく同じ現場で取材をしても、異なった内容になる。もっとも記者は、違った視点で報じたい。だが、それにしてもだ。

一九八〇年五月に光州で起こったことは、一〇年を経ても、何が起こっていたか明らかにされていなかった。

真実が表に出てきたのは、二〇年も経《た》ってからのことだった。

私は友人のリー・ジェイという韓国記者と、光州に関する共著を、英語で出版した。私も含めて光州事件の現場にいた一〇人の欧米ジャーナリストの報告《ルポ》を取りまとめた。

その体験でわかったのは、一区画《ワン・ブロック》離れたところで何が起こっているかも、把握することが難しいということだった。

アメリカの『ボルティモア・サン』紙のブラディー・マーティン記者は、優れた記事を書いていた。彼のネタ元は、軍との戦いを統率していた学生リーダーだった。実は、私はこの男と、男が死んだ日の午後に会っていた。

どのように報じようと、無差別殺人が展開しており、犠牲者の多くは市民だった。軍服を着た者は、一人もいなかった。戦っている者のなかには、残虐なギャングのような者もいた。彼らは地元警察の署長や、署員だったが、金大中の支持者だったかもしれない。いまだに判別できない。

南京におけるベイツは、記者たちのネタ元で、「南京大虐殺」報道の中心的な役割を果たした。「三日間で一万二千人の非戦闘員の男女子供の殺人」や「約三万人の兵士の虐殺」という数字を生み出した。南京陥落の一〇年後に、東京裁判の法廷でも、そのように証言している。われわれもこういう人物に、光州でコンタクトを取っていた。

いったい、何が起こっているのかを掌握するために、このような人物が重要だと思われるのだ。しかし、いったい何が起こっていたのか、把握できなかった。いったい何人が殺されたのか。その時には、前述の学生リーダーの名前すらわからなかった。二〇年後になって、彼の名前がやっとわかった。

一九三七年の南京で起こったことも、当時現場にいたジャーナリストが事態を掌握できたはずがないことは、断言することができる。一九三七年夏には、人々が南京から逃げ始めていた。上海戦の敗北を知れば、当然のことだった。

国際委員会の報告によれば、南京に残っていた人口は、南京戦の時点で二〇万人だった。しかし、南京が陥落してから人口が増え始め、翌一月には、二五万人に膨《ふく》れ上がった。戦闘が終わって治安が回復されて、人々が南京へと戻ってきたのだ。

このことからも「南京大虐殺」などなかったことは、明白だ。歴史の事実として「南京大虐殺」は、なかった。それは、中華民国政府が捏造した、プロパガンダだった。

第六章　『英霊の聲』とは何だったか

国家元首として次元を異《こと》にした昭和天皇

三島由紀夫は、何についても話題になった。つまらない話題でも、三島が語るだけで、面白さが醸《かも》しだされた。そういうことができる華《はな》やかな存在で、彼を凌駕《りようが》する者はいなかった。刺激的で、ヴィヴィッドな表現を使いこなす達人《マスター》だった。

大東亜戦争は、三島に大きな影響を与えた。父親の平岡梓《ひらおかあずさ》の影響があった。霞が関の官僚だった父親は、大東亜戦争について、官僚的なシニカルな見方をしていた。日本が戦争に敗れると端《はな》から思っていた。だから、敗戦後の準備をしておくべきだと、考えていた。この点で、三島親子は現実的《リアリスティック》であった。二人は戦争に敗れて、日本がどうなるか考えていた。三島のナショナリズムと国への誇りは父から受け継いだもので、誰の影響でもない。

三島が考えていたのは、永遠に国を護《まも》ってゆくには、どうしたらよいのかということだった。日本は他国にない固有の歴史、文化、伝統を有していると信じた。外国人には理解できない、日本の本質《エッセンス》があると思った。そうした日本の文化を防衛しなければならないと、考えた。差し迫った敗北それ自体は、重要ではないとみなした。

そのために、ミズーリ号艦上での降伏文書の調印も、三島には瑣末《さまつ》なことだった。むしろこの国の精神的な在り方、魂とか神性をどう防衛すべきか思いを寄せていた。このような認識は、十五歳の学習院の生徒だった時から、友人たちの意識をはるかに超越したものだった。学習院の教員が、富士を望《のぞ》む三島という地名が、平岡という本名よりもふさわしいと、名づけてくれた。

三島が昭和天皇をどのように捉えていたか。昭和天皇は崇敬者が多かった一方で、シニカルな見方をする者もいた。セイコーのブランドで知られる服部《はっとり》時計店の服部一郎《いちろう》もそうだった。一郎は創業家である服部一族の一員で、エプソンというブランドを立ち上げた人物だったが、働き過ぎのため、五十代で他界した。

私は服部一郎が亡くなる半年前に、ロンドンで突っ込んで話す機会があった。服部は私が三島と親しかったことを知って、天皇について語った。昭和天皇の知性が「小学校教師程度だ」と決めつけて、知性が高かったら軍の言いなりにならずに、戦争を避けることができたと言った。服部はアメリカのエール大学で学んだが、日本の歴史より、ゴルフとビジネスを生き甲斐としていた。

昭和天皇についてこうしたシニカルな見方をする者が、一部にいた。単なる人間としての世俗的な能力を云々《うんぬん》する議論だ。しかし、天皇という存在は、選挙で選ばれる大統領や首相などの国家のリーダーとは、まったく違った価値を有している。

敗戦の時の国家元首であったにもかかわらず、昭和天皇は敗戦後も国民の崇敬を保ち続けた。世界史の奇跡といってよい。

敗戦時の国家リーダーは、処刑されるか、亡命するかで、国家元首であり続けるということはありえない。地位を保持しえても、暗殺されかねない。

昭和天皇はまったく次元を異にした。敗戦後もたいした警備もつけずに全国を行幸され、国民から歓喜して迎えられた。東京裁判のウェッブ裁判長は、裁判を終えた後マスコミのインタビューを受け、天皇という存在について問われて、「神だ」と答えている。

しかし、天皇を精神的《スピリチュアル》リーダーとする見方、文化的存在として捉える見方と、服部の見当外れな見方が相容れないわけではない。明治憲法が天皇に、政治的な役割を強《し》いたことに無理があった。

天皇は個人としての能力より、天皇であることそれ自体が、貴《とうと》いのだ。同じことが、イギリス王室にもいえる。

服部一郎と同じ考えのインテリが多くいる。昭和天皇に判断力や主体性があったなら、戦争を回避でき、戦争犠牲者もいなかったと主張する。三島はこうした議論も知り尽くしたうえで、天皇を位置づけた。

天皇の「人間宣言」に対する三島の批判

ドナルド・キーンは『明治天皇』という、英文で九〇〇ページ、邦訳で上下二巻の大著を上梓している。そのなかで孝明《こうめい》天皇の崩御が語られ、キーンは孝明天皇が暗殺されたという見方をとっている。どのように暗殺が実行されたのか、詳細に論じている。

私はキーンに右翼と問題が起こらなかったか、尋ねたことがある。調査をしている段階で、右翼が二人電話をしてきたという。しかし、それだけだった。皇位継承の折に暗殺されたり、天皇には世俗的な側面があり、生身の人間世界を感じさせる。

マッカーサーは天皇の神性を否定したかったから、昭和二十一年元旦に昭和天皇に「天皇の人間宣言」とされる詔勅を、発表させた。これは意味がなかった。神が「神でない」といっても、神性を失うわけではない。天皇は自らの力で、神になったのではない。昭和天皇は「天皇の神格をもって世界を支配しようとした」ということはないと、そのことを否定されたままでだった。

三島は天皇を現人神《あらひとがみ》と認めない世の風潮に、反駁《はんばく》した。それが有名な『英霊の聲』での呪詛《じゅそ》だ。

「などてすめろぎは人間《ひと》となりたまひし。
などてすめろぎは人間《ひと》となりたまひし。
などてすめろぎは人間《ひと》となりたまひし」

天皇は人であると同時に、神性を持った神聖なる存在なのだ。現人神なのだ。人間的な側面と、神聖なる側面は矛盾しない。現人神は人であると同時に、神性を持った存在なのだ。

一九四六年元旦の詔勅は「天皇の人間宣言」とされているが、そのようなものだったかどうかという議論と別に、三島は「現人神」としての天皇を否定する風潮に警鐘を鳴らしたのだ。

マッカーサーが天皇に「人間宣言」を強要したのは、次元の低いことであり、浅薄なことだった。

三島の『英霊の聲』は、天皇に「人間宣言」をさせたことへの痛烈な批判だった。占領軍と一緒になって、天皇の「人間宣言」を受け入れた国家と国民の在り方に、警鐘を鳴らした。神話の時代から続く天皇という存在を否定することが、道を誤っていると信じた。そこに、三島が命を賭《と》しても守るべきものがあった。「国体」といってよい。それを守ろうとして、三島は自衛隊の市ヶ谷駐屯地で自衛隊員たちに決起することを促し、失敗すると、死を選んだ。

命と引換えてでも守ろうとするものがなかったら、三島は死ななかった。人気作家で、経済的にも豊かだった。ノーベル賞候補としても名があがり、多くの読者がいた。この世に満たされないものがなかった。

その三島を「国体」という一点が、捉《とら》えて離さなかった。論壇の言葉の世界ではなく、現実に命を失っても守るべきものがあり、生き様の体現だった。「などてすめろぎは人間《ひと》となりたまひし」という「英霊の聲」は、三島の魂《たましい》の奥底からほとばしった叫びだった。

日本にとっての「国体」とは何か

昭和天皇が崩御され、国葬が行なわれた日に、私はある人を麻布《あざぶ》の自宅に訪ねた。

その日は、朝から雨が降っていた。三島とともに親しかった人と、ひと時を共にしたかった。その人は私を書斎に通してくれた。経営者であると同時に詩人でもあり、多くの著書を出版していた。

私は同じ気持ちを、分かち合いたかった。私たちは一緒に三島の『英霊の聲』の一節、「などてすめろぎは人間《ひと》となりたまひし」を繰り返して、声に出して唱えた。

私の日本語はつたないが、この一文には力《パワー》を感じた。サイデンステッカーも、その一人だった。この一句の持つ不思議な力に、魅了されていた。

私が会ったのは、堤清二《つつみせいじ》だった。堤は三島文学の理解者だった。三島自身が私に、堤のことを「尊敬に値する経営者が、日本に一人いる。たった一人の面白い男だ」と、語っていた。堤はセゾン・グループの創始者だった。父は有名な「ピストル堤」で、弟の義明《よしあき》は西武鉄道を率いて、当時は野球の西武ライオンズのオーナーでもあった。

加瀬英明氏は三島の行動を非難する。『諸君!』に「『楯の会』の制服はキャバレーのドアマンのようだ」と、寄稿している。自衛隊の市ヶ谷駐屯地で卑劣にも、武人の総監を騙して縛りあげた。真面目にクーデターを企《くわだ》てたのだったら、六本木の防衛庁の長官室を占拠すべきだったと、批判する。

だが、長官室には、バルコニーがなかった。アルミサッシュの窓から顔を出したのでは、舞台装置としてふさわしくなかった。しかし、三島が檄文《げきぶん》で訴えたことは、加瀬氏が言論を通して訴えていることと通じている。戦勝国の占領支配から、歴史ある主権国家として、天皇を戴く国家として、「国体」を取り戻さなくてはならない、ということだ。

出征した日本軍将兵が最後には特攻隊となって、現人神としての天皇と国体を守るために、死んだ。私は三島が言葉だけではなく、自らの命を捧げて訴える道を選んだと信じている。命に替えても守るべきものが、あったのだ。

外国人は三島の価値観を、さまざまに受け止めている。三島は外国人にもわかりやすい形で、価値観を小説にし、さらに表現する手段として決起をした。

私は、三島は真剣だったと思う。希代の小説家として文章で訴え、その価値観を行動で表現した。類例のない人生を、主体的に生きた人だったと信じる。三島のような男は他にいない。小説が現実であり、現実が小説のような三島の世界を創った。その観点でイデオロギーを超克している。現実と非現実を、同時に存在させた。

三島は、日本が他国が持っていない素晴らしい宝物を持っていることに、気づいた。三島は典型的な日本人ではない。純粋な日本人であるとともに、西洋文化に感化されて、体現し、並みの日本人ではできない発想と思考をもって、行動をした人だった。

そんな三島が特攻隊の純粋な愛国の魂に打たれ、その姿を追求した。三島は特攻隊を誇りに思っていた。三島は日本人の精神性が外国人には、絶対に理解できないと信じていた。

あえて挙げれば、アイヴァン・モリスが唯一人の例外だったろう。サイデンステッカーは三島の『豊饒の海』の第四部『天人五衰』を英訳したが、三島と個人的にそれほど繫がりが深かったと思えない。ドナルド・キーンのほうが親しかった。モリスが日本史の英雄たちについてまとめた著作のなかで、三島由紀夫も取り上げているが、一章を割いていない。モリスにも、書けなかったのだ。

三島も私なら自分がわかるだろうと、思っていた。私はそう確信している。

当時の政治家の佐藤栄作《さとうえいさく》や、中曽根康弘も、命を捨てて訴えてはいない。彼らは三島を、狂気《マッド》だと言った。もちろん、狂気だ。日本が堕落したのを見て、狂気にならずにいられなかった。

三島の評伝を執筆中に起こったこと

私にとって著書『三島由紀夫　生と死』の第一章を書くことは、精神的にとても厳しかった。何が起こったか、ひとつひとつ書いていったからだ。文章も練らねばならなかったし、事実関係に正確を期さなくてはならなかった。狂気にならなければ、あんな行動を計画することはできない。それは崇高な儀式だった。

第一章を書くのに、数年を要した。私の本は死の場面を抜きにして、完成しなかった。途中でとうてい書き上げることができないと、何度も思った。

起こったことの衝撃は、凄まじかった。しかし、三島とともに過ごした唯一人の外国人ジャーナリストとして、書かないわけにいかなかった。自決の直前に三島本人から、「この世の終わり」と書かれた英文の手書きの手紙が、私に送られてきた。

「親愛《ディア》なるヘンリー・
僕《マイ》が書いた論文《エッセー》と短編小説《ショート・ストーリー》を同封した。
気に入ってくれるといいが。
まだ、最後の一編《ザ・ラスト・ボリューム》を書いていている思いによって、囚われて《オキュパイド》いる。

長編を書き終えてしまうと、なんだかこの世の終わり《ジ・エンド・オブ・ザ・ワールド》であるかのように、感じる。
三島由紀夫」

三島は私にある意味で、賭けたのだった。わずかな可能性だったかもしれないが、三島は、私に賭けた。私は責任を痛感した。いままで私はこの気持ちを、語ったことはない。だが、私はそう感じた。

妻のあき子が芸術の勉強のために、パリへ赴《おもむ》いたので、私はスイスのシャレーに滞在した。チューリッヒの美しい湖に面したシャレーだった。私はタイプライターを持ち込んで、著述に専念した。しかし、書くほど、いや違うという気がした。

ところが、ある午後だった。私はいつものように音楽を聞きながら、書いていた。事実関係は同じだった。事実関係だから何度書いても、同じことだった。ところが、この日は違った。酔っていたわけではない。ドラッグなど使っていない。

突然、自然に手が動きだして、原稿をタイプしていった。まるで見えない手がタイプしているようだった。何かが私に憑依《ひょうい》したようだった。あっという間に、四〇ページほど書き上げ、こうだったのだと、確信できた。これが現実に起こったことだったと、心から納得した。

「原稿が書けた」と思って、立ち上がって窓の外を眺めると、スイスの緑の山々が見渡せた。近くの山の斜面に、リンゴの木が生い茂っていた。驚いたことに、その木々が踊りだした。私はただそういうことが起こっていると、受け止めた。

ヴァン・ゴッホがプロヴァンスの風景画で描いたような、風景だった。ゴッホの風景も、即座に理解できた。半分あちらの世界にいるような感覚だった。

その感覚は数時間続いた。もしかすると数分か、もっとわずかな瞬間だったかもしれない。思い起こすと数時間にも思えるが、わずかな時間だったのかもしれない。フランスの小説家バルザックが「書くということは、書き直すことだ」と言っているが、私はその原稿に一語一句たりと一度も手を入れていない。

靖国に首相や天皇が参拝できないという異常さ

かつて私は皇室と皇位継承について、コラムを書いていた。その時に、天皇が靖国神社へのご親拝を、一九七五年以降中断していることを知った。そこで宮内庁に問い合わせてみた。

宮内庁の回答は「一九七五年以降、先帝陛下は一度も親拝をされておらず、今上陛下は、即位されてから一度も、靖国神社へのご親拝はしておられない」とのことだった。それ以上の詮索はしなかった。その事実だけを書いた。理由《ラシヨネール》を尋ねなかったのは、それが厳粛な質問だったからである。

首相の靖国参拝は、田中角栄《たなかかくえい》首相までは、何の反対もなく当たり前のこととして行なわれた。靖国参拝が問題となったのは、三木武夫《みきたけお》首相の時で、三木は靖国に参拝したものの、私的参拝で公的参拝ではないと、共同通信記者の質問に答えた。それ以来、マスコミは首相や閣僚の参拝が公的か私的かを問題にした。

欧米の政治家が教会で祈るのを、公人としてか、私人としてか、質問する愚か者はいまい。神の前で公私の区別はあるまい。

戦後政治の総決算を掲《かか》げた中曽根首相は、初年度に首相として靖国に参拝したものの、翌年は中国の反対の意向を受け入れて、参拝しなかった。次に靖国神社を首相が参拝したのは、二〇年後の小泉純一郎《こいずみじゅんいちろう》首相の時だった。

一国の首相が戦死者を祀《まつ》る靖国神社に参拝することが問題とされるなかで、天皇が靖国神社を参拝することは難しい。天皇に「私的」ということが、あり得るはずがないからだ。

一九七五年以降、天皇による靖国神社親拝が中断しているのは、残念なことだ。

マッカーサーは靖国神社を軍国主義、国家主義の象徴だとみなして、焼き払ってドッグレース場をつくろうとした。

マッカーサーが考えを改めたのは、バチカン法王庁駐日使節だったブルノー・ビッテル神父が書簡を送って、「戦勝国か敗戦国かを問わず、国家のために命を捧げた人に敬意を払うのは自然の法であり、国家にとって義務であり、権利でもある。もし、靖国神社を焼き払ったら犯罪行為であり、アメリカの歴史に不名誉極まる汚点を残す」と、警告したからだった。

靖国神社の参拝に反対する日本人を、ビッテル神父が生きていたら、どう思うことだろうか。靖国神社の境内のどこかに、ビッテル神父の像を建てれば、アメリカや、カナダ、オーストラリア、ヨーロッパをはじめとするキリスト教圏で、靖国神社がよく理解されることとなろう。

戦犯の合祀のことが取り沙汰されるが、一九五二（昭和二十七）年に、日本弁護士連合会が、「戦犯の赦免勧告に関する意見書」を政府に提出したことを契機に、全国に運動が広がり、一九五五（昭和三十）年七月に、衆議院本会議で四二六名の国会議員が、赦免決議を可決した。この国会決議によって、日本から「戦犯」がいなくなった。

日本の大新聞は、靖国神社に「A級戦犯」が祀《まつ》られているのは、許せないと主張しているが、それは国会決議を無視、否定していることになる。それだったら日本の民主主義がおかしいと主張し、国会を否定すべきだろう。

昭和天皇は、「敵国にとっては戦犯かもしれないが、わが国にとっては国のために尽くした功労者だ」と語られていた。いわゆる「A級戦犯」が合祀されているからといって、国を守るために命を捧げた英霊が祀られている靖国神社へ、天皇が親拝できないということは、あってはならないことだ。ジャーナリストが公人の靖国神社への参拝を、「公的か」「私的か」と尋ねる愚《ぐ》をやめて、自由に参拝できるようにすることが必要だ。

私は、戦争中に行方がわからなくなった人たちのことに、心を痛めている。私の義母の兄は、戦時中に商船に乗り組んでいたが、海に出て行方不明とされている。妻の祖母は時折、水平線をみつめながら海辺にずっと座って、息子の帰りを待っていた。

どうなってしまったのか、記録がない。家族は霊が靖国神社に帰ってきたと、信じている。素朴な気持ちだ。私も靖国神社に詣でて、日本の伯父の霊が安らかに眠っていることを祈ってきた。

三島が檄文《げきぶん》で訴えたこと

オランダのジャーナリストであるイアン・ブルマーは、現在アメリカに住んでいるが、その三島論の中で、その晩年を「芸術家が道を誤った」と捉えている。彼は三島が国家を語りだしてから、おかしな方向へ走ったとしている。ブルマーは三島の死後、一九七五(昭和五十)年に、日本に来た。三島に会ったことはない。

三島が天皇や、日本の政治のあり方を語ったのは、道から逸《そ》れたのではなく、小説を書くことを含めて、すべてが魂が問われる国体へと収斂《しゅうれん》して行き、ついに死に至ったのだった。天皇や、雅《みやび》や、日本の文化伝統を防衛することが、三島のメインテーマだった。

『英霊の聲』は、魂の訴えだった。私は「おばあさん」と呼んだ妻の母と、ずっと一緒に東京で暮らした。「おばあさん」は、いつも三島に興味を持っていた。そして私に「あなたの三島について言っていることが理解されるには、あと二、三〇〇年はかかるわよ」と言っていた。

三島が西洋で注目されるのは、小説家としての側面で、評論や、政治的活動は対象となっていない。私の描く三島像は、世界的に理解されていない。「おばあさん」が、正しいかもしれない。

私の感じる三島が人々に理解されるには、本当にあと二、三〇〇年は、時を待たないとならないかもしれない。私は、三島が檄文《げきぶん》で訴えていたことは、大筋で正しいと思っている。しかし、西洋世界では、その観点はまったく見落とされている。

自衛隊の市ヶ谷駐屯地で、三島がバルコニーに立って、自衛官に決起を促した時、彼は檄で、自衛隊をアメリカの「傭兵《マーセナリー》」と呼んだ。フランスの外人部隊は、ヨーロッパの「傭兵」だ。「傭兵」とは、金で雇われる兵士のことだ。

兵としてプライドがあったら、そんな侮蔑を許せない。檄の訴えと、三島の叫びを、私の著書『三島由紀夫　生と死』から引用したい。訳者は毎日新聞記者だった、徳岡孝夫《とくおかたかお》だ。

読者はぜひ私と一緒に、音読してほしい。


正午少し前、森田と小川正洋の姿がバルコニーの上に現れた。総監室から出て、バルコニーの前のほうへと歩いて行く。紙の束と巻いた布を持っている。

広いバルコニーである。総監室の窓から一〇メートルはある。二人は楯の会の制服の肩に鉢巻の結び目を垂らした姿で、その先端まで歩いて行った。

彼らはしゃがんで垂幕の一端を固定し、自衛隊員たちに見えるようそれをバルコニーから垂らした。そこには益田《ました》総監の安全を保証する四条件が墨書されていた。条件の一つは三島の演説への静聴を求めたものだったが、営庭はすでに騒々しかった。自衛隊員は口々に叫び、パトカーや救急車、社旗を立てた新聞社の車などが続々と到着し、それだけでもやかましいのに、ヘリコプターの騒音がさらに輪をかけた。

楯の会の二人は、バルコニーの上から檄を撒いた。紙は微風に乗ってグラウンドの上に散っていった。檄の文章は、一九三〇年代の日本に何度も起こったクーデターで青年将校が書いたものに、その体裁が似通っていた。要約すれば、次のような内容である。

われわれ楯の会は、自衛隊を父とも兄とも思ってきたのに、なぜこのような忘恩的行動をあえてしたか。それは、われわれが自衛隊を愛するがゆえだ。自衛隊には真の日本の魂が残されている。

われわれは、自衛隊が戦後日本の指導者によって利用されるのを見てきた。自衛隊は、自らの存在を否定する平和憲法を守るという屈辱の軍隊になり下がった。

このねじ曲がった状態を打破すべき機会は、永遠に失われた。一九六九年十月二十一日、佐藤首相訪米反対デモに対し、自衛隊は治安出動し、それによって建軍の本義を明らかにし、憲法改正を要求すべきだった。

チャンスは永遠に去り、国家の誇りは失われ、自衛隊は違憲のまま認知されることになった。

日本の真の魂は、どこへ行ったのか。天皇を中心とする日本を守るという自衛隊の真の姿を、復興する者はいないのか。

われわれは、自衛隊が決然として起つのを熱烈に待った。いまのままでは、自衛隊は永遠にアメリカの傭兵として終わるであろう。

檄の最後の部分は、以下のようだった。

「日本を日本の真姿に戻して、そこで死ぬのだ。生命尊重のみで、魂は死んでもよいのか。生命以上の価値なくして何の軍隊だ。今こそわれわれは生命尊重以上の価値の所在を諸君の目に見せてやる。

それは自由でも民主主義でもない。日本だ。われわれの愛する歴史と伝統の国、日本だ」

自衛隊員たちは、舞い降りてきた檄を拾い、ある者はそれを読み、ある者はポケットに突っ込んだ。だが大部分の者が、理解に苦しんだ。彼らは若く、戦争の経験がない。日本は二十五年にわたって平和を享受し、日本外交の基本であるアメリカとの友好に挑戦するのは左翼だけである。彼らの頭では、右翼から攻撃される理由が呑み込めなかった。

彼らの多くは楯の会のことは知っていたが、その目的について無知だった。三島のような有名な小説家がなぜそんなものに関係するか、理解できなかった。そのうえ、現に彼らの上官が傷つき、目の前で救急車で運ばれて行く。なぜ上官を傷つけたのか？

正午ちょうど、その三島の姿がバルコニーに現れた。楯の会の制服を着ている。下からは、日の丸に七生報国と記した鉢巻の頭だけしか見えなかった。

三島は胸壁の上にとび上がった。全身が、はじめてはっきり見えた。制服のボタンが初冬の陽光を受けて輝いた。白い手袋に血痕が散っている。彼は仁王立ちになった。胸を張り、両手を腰にあてがった。

『このような状況の下で自衛隊の諸君と話したくはなかったのだ』と、三島はバルコニーの上の演説を切り出した。

ヘリコプターの騒音が、耳を聾《ろう》さんばかりだった。自衛隊員の多くは、三島の言葉を聞きとれなかった。

『自衛隊は日本の最後の希望であり、日本の魂の最後の拠りどころであると思ってきた』

ヘリの群れは、さらに近寄った。

『しかるに、戦後の日本は経済的繁栄にうつつを抜かし、国の大本を忘れている。日本の精神はどこへ行った！　政治家は、日本のことなど考えていない。権力のみを追い求めている』

三島は続けた。

『自衛隊こそ真の日本の魂であろうと思った。しかし……しかし、われわれは裏切られた』

自衛隊員は、三島を野次りはじめた。

『やめろ、やめろ』

『バカ野郎』

『チンピラ！』

　野次を聞いて、三島は怒った。

『静聴せよ、静聴せよ。聞かんか。われわれは、自衛隊にこそ真の日本の魂があると信じてきたのだ』

『何をほざく』

『降りてこい』

　だが、三島は負けなかった。

『日本は精神的支柱を失った。だから、お前らにはわからんのだ。日本がわからんのだ。自衛隊こそ、それを正さなければならない』

　しかし、隊員たちの野次は、おさまる気配がなかった。

『聞け。静かに聞け』

『バカ野郎』

『静聴せよと言っているのがわからんのか』

『英雄気取りするな』

『よく聞け。去年の十月二十一日に何が起こった？　総理訪米反対の大デモだ。あの日、新宿で……警察が鎮圧したのだ。警察がやった。あの日以来、これから先もずっと、憲法を改正する機会は失われてしまったんだ』

『それがどうした！』

『自民党の政治家は、警察力を使えば鎮圧できると自信をもった。警察で十分なのだ。これがわかるか』

『そんなら警察を呼べ』

『いいか、政府は自衛隊に治安出動を求めなかった。自衛隊は一歩たりとも動かなかった。憲法改正は、その必要がなくなったのだ。改正のチャンスは失われた。これがわかるか』

『わからん。わからん』

『寝言を言うな！』

『よく聞け。去年の十月二十一日以来、お前たちは護憲の軍隊になったのだ。自衛隊は、憲法を守ることになった。自衛隊の存在を否定している憲法をだ。もはや改正のチャンスはない。涙を浮かべつつ待った機会は、去ってしまったのだ。もう手遅れだ』

『どこが悪いんだ！』

三島は腕の時計を見た。まだ五分も話していない。

『これがわからんのか。去年の十月二十一日だ。われわれは、お前たちが決起するのを待った。自衛隊が目覚めるのを待った。もはや憲法改正のチャンスはない。自衛隊は永遠に国軍になれないんだ。支柱もなく。存立の根拠もなくなった。なぜ自衛隊は決起しなければならないか！』

『降りてこい。チンピラ』

『お前たちが日本を守るのだ。日本を守る。日本……日本の伝統と歴史と文化を。天皇を……』

隊員たちの野次と嘲笑は、ますますはげしくなった。

『聞け。聞け。静かに聞け。男が、生命を賭けて訴えているのだ。これがわからんのか。自衛隊が…自衛隊がわれわれとともに決起しなければ、いつまでたっても憲法は改正されない。お前たちはアメリカの……アメリカの傭兵になるんだぞ』

『バカ野郎』

『やめろ、やめろ』

『引きずり降ろせ！』

三島の声は、もうほとんど聞き取れなかった。

『われわれは待った。四年間待った。自衛隊が起つのを四年間、熱烈に待った』

ヘリコプターが入れかわり立ちかわり、接近してくる。

『お前たちは武士か。それでも男か。男ならなぜ憲法を守る？　自衛隊を否定する憲法を、なぜお前たちは守るのか』

下品な野次は、ますます高くなった。

『お前たちに将来はない。もはや救われる道はない。憲法はいつまでたっても改正されない。自衛隊には未来はないんだ。お前たちは違憲だ。自衛隊は違憲なんだ。お前たち全員が、憲法に違反しているのだ』

賛成の声は、どこからも聞こえなかった。

『この皮肉がわからんのか。この皮肉が…お前たちは護憲の軍隊になった。自衛隊を否定する憲法を、自衛隊が守るのだ。なぜ目覚めない。なぜ日本をこんな状態にしておくのか』

『偉そうなことを言うんなら、なぜ、われわれの同志を傷つけたんだ』

『抵抗したからだ』三島は間髪を入れず、やり返した。

『偉そうなことを言うな！』

『お前たちの中に、俺について来る奴は一人もいないのか』

『バカ野郎』

『お前なんかと起つものか』

『気違い！』

『よーし、だれも憲法改正のために決起しないんだな』

『そういうお前は男か』

『よく言った。お前たちは武士道を知っているだろう。剣の道が日本人にとって何を意味するか、知っているだろう。俺のほうこそ聞こう。お前たちはそれでも男か。武士か！』

　三島の声は、ようやく静かになった。

『よし、お前たちは男ではない。決起しない。何もしないんだな。憲法がどうであろうとかまわない。どうでもいいんだな。俺は自衛隊に幻滅した』

『下りてこい』

『あいつを引きずり下ろせ』

『バカ野郎』

野次は最高潮になったが、自衛隊員の大多数は無言でバルコニー上の三島を見上げている。

『諸君は憲法改正のために起ち上がらないという見通しがついた。それでは、ここで天皇陛下万歳を三唱して演説を終わる。天皇陛下万歳。天皇陛下万歳。天皇陛下万歳！』

三島の背後に立って、下からは頭だけしか見えない森田必勝も、万歳を唱和し、両手を高く三度挙げた。

『チンピラ』

『撃ち落とせ！』

野次は最後まで続いた。

三島は胸壁から降り、森田を従えて総監室にとって返した。かがんで窓から室内に入り、ヘリの上から狙うテレビのカメラの視野から消えた。森田があとに続き、窓が閉じられた。

私は三島から直接、「『楯の会』をつくろうと思ったのは、『英霊の聲』を書いてからだ」と、言われたことがある。現人神である天皇を中心とする国体、その国体を守るのが「皇軍」としての軍隊である。

三島は多く語らなかった。語るよりも、命を捨てる行動で、命より大切なものの存在を訴えた。希代の文章力を持つ三島が言葉ではなく、その命を捨てることで表現した。そうすることでしか、表現できなかった。

擬《まが》い物《もの》の国家、日本の現状

私が自らの著述を音読することで再現した三島の自殺だが、彼が訴えた憲法改正はまだ、実現していない。

日本はいまだに占領下に置かれている。日本が主権を回復しているといえない。アメリカの一部になってしまったか、卑しい属領のように見える。自衛隊は三島が檄で語ったように、アメリカの「傭兵」というだけでなく、アメリカ軍の補助部隊となってしまっている。実に、皮肉なことだ。

市ヶ谷での出来事は、何と呼んだらよいのか。「敗北事件《ケース・オブ・フェイリュア》」だったのかもしれない。

読者は私とともに音読して、三島を野次った自衛隊員と、三島のどちらに味方するだろうか。そのために、私の著書から再録した。「外人部隊」と、日本人が対決したのだった。自衛隊員に決起を促したものの、まったく受け入れられず、試みは失敗した。

しかし、三島が命を断ったことによって、この問題は、今でも語られている。三島はその魂を生かし続けるために、死ぬことを選んだ。

私は三島が檄で訴えたことを、理解できる。自衛隊を否定する憲法改正、自衛隊のアメリカの傭兵のような情けない地位を改めること、現人神としての天皇という存在を守ろうということを、私は理解できる。

三島の最後の訴えは、非現実的なクーデターを嗾《けしか》けたことさえ除けば、過激なものではけっしてなかった。

アメリカが占領下で日本から永久に独立を奪うために押しつけた『憲法』を改めて、自衛隊を軍とすること、天皇を日本の伝統文化にかなった地位に戻そうとするのが、過激なのだろうか。イギリスの王室なしには、イギリスはない。天皇のない日本が、存在するだろうか。

軍隊を欠いては独立国となりえないのに、自衛隊は擬《まが》い物《もの》でしかない。属国憲法を改めて自衛隊を国軍としてつくり変えない限り、今日の日本は、擬い物の国家となっている。

日本は伝統と歴史を捨てた、異様な国となっている。イギリス人は、イギリスの伝統と、歴史を尊んでいる。イギリスを訪れる者は、政体に過去が現代のなかで息づいていることを、感じるはずだ。

三島が象徴的な呼びかけだったクーデターを成功させるのは、周到な準備が必要なことを、もちろん知っていた。日本国民を覚醒させるために、生命を捨てて、一幕劇を演じたのだった。

第七章　日本はアジアの希望の光

日印国交樹立六十周年の集い

二〇一二（平成二十四）年十二月に、東京ドームのある後楽園に近い文京シビック・ホールで、日印国交樹立六十周年を祝う集会が催された。

主催者は「自由アジア」を訴え、アジアの民主化を推進していこうという団体だった。

会場には、インド代表の他にも、「自由アジア」を切望するチベット、ウイグル、南モンゴル（中国側呼称で内モンゴル）、台湾、北朝鮮からの代表や、支援者たちが集まった。支援者のなかには、民族衣装をまとった者も多かった。

基調講演を、私が行なった。タイトルは、「日本はアジアの光だった」である。

講演は英語で、日本語訳をパワーポイントでスクリーンに、「字幕」のように投影した。同時通訳ならぬ、同時翻訳である。

四〇分間にわたって英語で行なわれる講演に、英語のわからない聴衆が飽きてしまうのではないかと心配したが、杞憂《きゆう》に終わった。それどころか、話し終えても拍手が鳴りやまず、何人かから「素晴らしいスピーチだった」と、直接声を掛けられた。

ここで、その講演の内容を、紹介したい。

このシンポジウムは、一九五二（昭和二十七）年の日本とインドの国交樹立六十周年を記念して開催されております。このような歴史的な瞬間を、皆様と共にできることを光栄に存じます。

二十世紀で最も驚く展開は、五〇〇年続いた植民地支配、その呪いが終焉を迎えたことにあります。白人による支配が霧散してしまいました。誰もまったく予想しなかったことでした。

一九三〇年代末に「インドの独立はいつになるか」と問われ、ネルーは「七〇年代には実現するかもしれない」と答えました。つまり彼の亡き後という意味です。しかし一九四〇年代初頭になると、インド人たちから独立の気運が高まりました。なぜ独立の気運が高まったのでしょうか。

答えは簡単です。第二次大戦が勃発し、五〇〇年のドラマの中の新興勢力が、白人植民地支配に痛烈な打撃を加えたからです。その新興勢力が、日本でした。インド独立のタイムテーブルは、ネルーの七〇年代から第二次世界大戦の終焉時へと短縮されたのです。ここで、二十世紀から十七世紀初めまで時間をもどしてみましょう。

インドでは、イギリスが一六〇〇年に東インド会社を設立し、植民地支配に着手しました。イギリスは、マドラス（一六三七年）、ボンベイ（一六六一年）、カルカッタ（一六九〇年）に東インド会社を進出させました。イギリスの侵略は、プラッシーの戦い（一七五七年）、マイソール戦争（一七九九年）、シーク戦争（一八四五年）と続き、一八五七年から五九年にかけて反イギリス民族闘争である有名なセポイの反乱が起こりました。

こうしてイギリスがインドを抑圧する中で、日本で一八六八年に、明治維新が起こりました。また、ほぼ同じ頃に、インドでは独立のために戦った、歴史的な人物が生まれています。

一八六九年にマハトマ・ガンジーが生まれ、一八九七年に、チャンドラ・ボースが誕生しています。

一八七七年、イギリスが直接インド全土を統治するインド帝国が成立し、ビクトリア女王が『インド皇帝』として即位しました。つまり、ボースはイギリスのインド植民地支配の絶頂期に生を享《う》けたのです。

ボースは今でも、インドで『ネタージ』と呼ばれています。

ネタージとは『偉大な指導者』という意味です。日本の支援を得て、ボースはINAを結成しました。「Indian National Army（インド国民軍）」です。イギリスの植民地支配と非暴力主義で戦ったガンジーと対照的に、ボースは司令官として戦闘を戦いました。

ボースは一九四三年五月十六日に来日し、嶋田《しまだ》海軍大臣、永野《ながの》海軍軍令部総長、重光《しげみつ》外務大臣などと面会し、そのうえで、東條英機首相と会談しました。

ボースは日比谷公会堂で講演し、そのメッセージは当時のアジアの人々の気持ちを代弁していました。

「約四〇年前、小学校に通い始めた頃に、アジア人の国が世界の巨人・白人帝国のロシアと戦いました。このアジアの国はロシアを大敗させました。そしてその国が、日本だったのです。このニュースがインド全土に伝わると興奮の波がインド全土を覆《おお》いました。インドのいたるところで、旅順《りよじゆん》攻撃や、奉天《ほうてん》大会戦、日本海海戦の勇壮な話によって、沸き立っていました。インドの子供たちは、東郷《とうごう》元帥や乃木《のぎ》大将を素直に慕いました。親たちが競って、元帥や大将の写真を手に入れようとしましたが、できませんでした。その代わりに市場から日本製の品物を買ってきて、家に飾りました」

ボースは「日本はアジアの希望の光だった」とハッキリと語りました。

ボースはこう続けました。「このたび日本はインドの仇敵のイギリスに宣戦布告をしました。日本はインド人に、独立のための千載一遇の機会を下さいました。われわれは自覚し、心から日本に感謝しています。一度《ひとたび》この機会を逃せば、今後一〇〇年以上にわたり、このような機会は訪れることはないでしょう。勝利はわれわれのものであり、インドが念願の独立を果たすと確信しています」

重要なのは、主張より行動でした。ビクトリア女王が「インド帝国」皇帝に即位して六六年目にあたる一九四三年十月、自由インド仮政府が樹立されました。シンガポールでの大会で、ボースは満場の拍手をもって、仮政府首班に推挙されました。

ボースは「チャロ・デリー」つまり「デリーへ！」と進撃を宣言し、人々はそのメッセージを掲げ行進しました。祖国インドへ向けた歴史的な進撃の開始でした。インド国民軍ＩＮＡの将兵は日本軍とともに、インド・ビルマ国境を越え、インパールを目指し「チャロ・デリー！」と雄叫びをあげ、進撃しました。「われらの国旗を、レッド・フォートに掲げよ」と、ボースは将兵を激励しました。

自由インド仮政府は、日本とともに、イギリス、アメリカに対して宣戦布告しました。

同年（一九四三年）十一月五日より六日間にわたって、東京で大東亜会議が開催されました。

これは人類の長い歴史において、有色人種によって行なわれた最初のサミットとなりました。

東條首相、満洲国の張景恵《ちょうけいけい》国務総理、中国南京政権の汪兆銘《おうちょうめい》行政院長、フィリピンのラウレル大統領、ビルマのバー・モウ首相、タイのピブン首相代理のワイワイタヤコン殿下と、アジアの首脳が一堂に会し、ボースはインド代表を務めました。

今日、日本の多くの学者が大東亜会議は日本軍部が「占領地の傀儡《かいらい》」を集め、国内向けの宣伝のために行なったと唱えています。しかし、そのようなことを言う日本人こそ、日本を売る外国の傀儡《かいらい》というべきです。

会議では大東亜共同宣言が満場一致で採択されました。ボースは「この宣言がアジア諸国民のみならず、全世界の被抑圧民族のための憲章となることを願う」と訴えました。ボースは、日本は「全世界の有色民族の希望の光だ」と宣言しました。

この五〇〇〇年の世界史は、白人の欧米キリスト教諸国が、有色民族の国を植民地支配した壮大なドラマでした。

そのなかにあって、日本は前例のない国でした。第一次世界大戦の後のパリ講和会議で、日本は人種差別撤廃を提案したのです。

会議では各国首脳が、国際連盟の創設を含めた大戦後の国際体制づくりについて協議しました。人種差別撤廃提案が提出されると、白豪主義のオーストラリアのヒューズ首相は、署名を拒否して帰国すると言って退室しました。

議長であるアメリカのウィルソン大統領は、本件は平静に取り扱うべき問題だと言って日本に提案の撤回を求めました。山本権兵衛《やまもとごんべえ》内閣で外務大臣も務めた日本代表団の牧野伸顕《まきののぶあき》男爵は、ウィルソン議長に従わず採決を求めたのです。

イギリス、アメリカ、ポーランド、ブラジル、ルーマニアなどが反対しましたが、出席一六カ国中一一カ国の小国が賛成し、圧倒的多数で可決されました。しかしウィルソン大統領は「全会一致でない」として、この採決を無効としました。牧野は多数決での採択を求めましたが、議長のウィルソン大統領は「本件のごとき重大な案件は、従来から全会一致、少なくとも反対者なきによって議事を進める」としました。

人種差別撤廃提案が一一対五の圧倒的多数で可決されたにもかかわらず、ウィルソン大統領はこの議決を葬《ほうむ》りました。今日の文明世界では、ありえないことです。いま、アメリカの大統領は黒人ですが、当時ではそのようなことは、まったく考えられないことでした。日本人も白人ではなく有色民族です。同じ有色民族として誇りある日本人は、白人の有色民族への暴虐を看過することができなかったのです。

インドネシアにも、触れておきましょう。インドネシアの植民地支配は、一五九六年にオランダが艦隊をインドネシアに派遣したことに始まります。

オランダの三五〇年以上に及ぶ植民地支配に終止符が打たれたのは、一九四二年の日本軍の進攻によるものでした。

インドネシアには白馬に跨《またが》る英雄が率いる神兵がやってきて、インドネシアの独立を援《たす》けてくれるという伝説がありました。日本軍の進攻は、伝説の神兵の到来を思わせました。日本兵は、神話の軍隊であったのです。

ジョージ・カナヘレは『日本軍政とインドネシア独立』という著書で、日本の功績として次の四点を掲げています。

一．オランダ語、英語の使用を禁止。これにより公用語としてインドネシア語が普及した。

二．インドネシア青年に軍事訓練を施《ほどこ》した。これにより青年が厳しい規律や忍耐、勇猛心を植え付けられた。

三．オランダ人を一掃し、インドネシア人に高い地位を与え、能力と責任感を身につけさせた。

四．ジャワにプートラ（民族結集組織）やホーコーカイ（奉公会）の本部を置き、全国に支部を作り、組織運営の方法を教えた。


日本は第二次大戦でアジアの国々を侵略したとされますが、どうして侵略する国が、侵略された国の青年に軍事教練を施すのでしょう。彼らの精神力を鍛え、高い地位を与え、民族が結集する組織を全国につくり、近代組織の経営方法を教えることがあるでしょうか。

この事実は、侵略したのが日本でなかったことを証明しています。日本はアジアの国々を独立させるあらゆる努力を惜しまなかった。

では一体、どこからの独立でしょうか。

もちろん、アジアの国々を侵略していた白人諸国の支配からの独立です。

ジャカルタの中心にムルデカ広場があります。ムルデカはインドネシア語で「独立」を意味します。独立の英雄ハッタとスカルノの像とともに、高さ三七メートルの独立記念塔が立っています。地下一階には、独立宣言の実物が納められています。ハッタとスカルノが直筆でサインをしています。そこに独立の日が『一七・八・〇五』とハッキリ書かれています。

一七・八は八月十七日の独立の日を示していますが、『〇五』、〇五年とはどういう意味でしょうか。インドネシア人はイスラム教徒ですが、これはイスラム暦ではありません。

ましてキリスト暦でもありません。では〇五年とは何暦でしょう。〇五年は、日本の「皇紀《こうき》」です。

一九四五年は日本の「皇紀」では二六〇五年にあたるのです。初代の天皇である神武《じんむ》天皇が即位して建国をした時から数えた年です。ハッタとスカルノは日本に感謝して皇紀を採用したのです。インドネシア独立の生みの親は日本だったのです。だから二人はインドネシアの独立宣言の独立の日を、日本の「天皇の暦」によって祝福したのでした。

皆さん、こうした西欧の五〇〇年に及ぶ植民地支配は世界中で広く認知されたことであります。われわれは今日、植民地支配の禍《わざわい》の終焉をこうしてここに集《つど》い祝福しています。

日本は「日の昇る国」です。真に自由なアジアを求めるみなさんと手を取り合ってゆきましょう。民主的なアジアの連帯を実現する重要な役割を日本が果たすことを願っています。

日がまた昇ることを願って、締め括《くく》らせていただきます。

日本は「占領の呪い」から脱却を

二〇一三年は、大東亜会議が開催されてから七十周年にあたる。

この節目の年は、二度目の安倍政権のもとで迎えられた。安倍政権は「アベノミクス」を掲げ、日本経済を好転させ始めた。六月に行なわれた参議院議員選挙でも、自民党が圧勝した。

前回の安倍政権では「戦後レジームからの脱却」を訴え、多くを成し遂げたが、おぞましい「占領の呪い」は、まだ解かれていない。

日本ではいわゆる「東京裁判史観」が、まかり通っている。日本は「侵略戦争」や「南京大虐殺」を犯した「犯罪国家」であるとレッテルを貼られてしまった。出鱈目《でたらめ》な東京裁判や、中国のプロパガンダや、アメリカのウォー・ギルト・インフォメーション戦略（戦争についての罪悪感を植え付ける戦略）によって刷り込まれた「南京大虐殺」という虚構を打破して、戦前の日本はアジアを侵略したのではなく、欧米による植民地支配から、「アジアを解放した」という事実を、世界に訴えるべきだ。

チャンドラ・ボースが説いたように、「日本はアジアの希望の光」だったのだ。そして、日本がアジアへ進攻して、アジアを植民地として支配し搾取してきた欧米列強と戦い、アジアから侵略者を駆逐し、「アジア人のアジア」の建設を進めた。そのことにアジア各国の独立の志士たちが呼応して、アジア諸民族とともに、日本は「アジア解放戦争」を戦ったのだった。

これこそ、日本民族の最良の時だった。ヒトラーがヨーロッパ大陸を制覇して、イギリスが「孤独な戦い」を続けたときに、チャーチル首相は「もしイギリスが向こう数千年にわたって続くなら、『これぞイギリス最良の時』と言って称えよう」と訴えて、国民を鼓舞した。

今日、七十代以下の日本人のうち、何人が大東亜会議を知っているだろうか。この日本の歴史が白熱した瞬間について、ほとんどの日本人が無知である。

アジア諸国が、そしてアフリカの国々が第二次大戦後に、次々と独立を達成することができたのは、日本が「アジア人のアジア」を建設するために、大東亜戦争を戦ったからである。

「戦後レジームからの脱却」は、そうした大きな歴史の流れから位置づけ、「東京裁判史観」からの脱却を果たすというのが、あるべき姿であろう。

第八章　私が会ったアジアのリーダーたち

1、私欲の権化だった金大中

カメレオンのような政治家だった金大中

金大中が二〇〇〇年に、ノーベル平和賞を受賞した。この年に、韓国大統領として初めて北朝鮮を訪問して、南北融和に貢献したというのが、理由だった。

今日、南北関係が少しでも、改善されているといえるだろうか？

もっとも、ノーベル平和賞はいい加減な賞だ。

二〇〇九年にオバマ大統領が受賞したが、未曾有《みぞう》の人気を駆って就任してから、わずか八カ月半しか経っていなかった。ベルリンで演説して、「核兵器廃絶」を訴えたことが理由だというが、それであるなら、ついでに「地上から、病気を根絶する」と、訴えるべきだった。

二〇一三年の平和賞は、化学兵器禁止条約に基づいて設立された、化学兵器禁止機関

（OPCW）が受賞した。シリアが化学兵器を放棄することに合意した直後だったので、注目が集まっていた。しかし、シリアにおける毒ガス兵器の除去作業は始まったばかりで、成功が危《あや》ぶまれている。

その前年は、ヨーロッパ共同体（EU）に授けられた。ところが、EUは経済が破綻して、金融危機の真只中にあった。イギリスでは、EUから脱退しようという世論が、高まっている。

金大中とは、取材のために、三〇回以上も会った。おそらく、私がインタビューした日本やアジアの要人のなかで、もっとも回数が多かった。

金大中は韓国西南部の全羅南道《ぜんらなんどう》荷衣島の寒村の出身だったが、メディアによって、自分がどのように取り上げられるか、必要以上に気にする男だった。コメディアンのような政治家でその場その場で、状況に自分をあわせてカメレオンのように変身した。

金大中は韓国で軍に入ったことはなかったが、日本帝国陸軍に志願して、勤務したことがあった。第二次大戦では、日本の下士官の軍服を着ていた。

その人生でもっとも自分を劇的《ドラマチック》に演出したのが、韓国大統領として初めての北朝鮮訪問だった。これによって世界中の注目を一身に集めた。

民主化運動の闘士を装った金大中

私が初めて金大中に会ったのは、彼がまだ野党にいた七〇年代だった。当時、彼は日本とアメリカに交互に滞在して、民主化運動を推進しており、人権活動家として、注目を浴びていた。

七三年八月に、金大中は東京の九段下《くだんした》にあるホテル・グランドパレスから、行方不明となった。韓国中央情報部（ＫＣＩＡ）が、拉致したのだった。日本の港から出た船の上で、殺害しようとした時に、軍用機が船上を旋回したために、中止された。

その後、ソウルの自宅で軟禁状態となり、七六年に「民主救国宣言」を発表したために、逮捕された。八〇年二月に、公民権が回復されたが、五月に再び逮捕された。これが原因となって、光州事件が起きた。軍部が民主化要求のデモを鎮圧し、流血の惨事となった。

金大中はアメリカに対して、強い警戒感をいだいていた。アメリカ軍が韓国に駐留しつづけることを、受け入れなかった。金大中の抗議行動は過激で、注目を浴びた。韓国で誰一人、これほどの抗議活動をする者はいなかった。

私のインタビューを受けるときの金大中は、つねに民主化運動の闘士というイメージを、演出していた。

七〇年代後半になって、朴正熙《パクチヨンヒ》大統領が突然、暗殺された。朴は六一年から七〇年代まで、政権の座にあった。

朴大統領の暗殺の後、すぐに権力が軍部へと移行し、軍がすべてを掌握した。軍部は、金大中を反軍民主化運動の中心人物として敵視し、殺そうと計画していた。

私は金大中の邸宅を、訪ねた。自宅監禁中で、軍によって厳重に警備され、監視されていた。

『ニューヨーク・タイムズ』特派員として、自宅を何度か訪ねるうちに、私は金大中が『ニューヨーク・タイムズ』に特別な思い入れを持っているのに気づいた。他の新聞社と、まったく扱いが違った。

金大中の家は、近隣でもっとも大きかった。いつも外には、報道陣の人垣ができていた。しかし、『ニューヨーク・タイムズ』の特派員が来て取材したいと言っていると知ると、すぐに引き入れた。

結局、アメリカが金大中を救った。

アメリカの民間組織と言論が、金大中を後押しした。『ニューヨーク・タイムズ』は、その先頭に立っていた。

私は一九八〇年春にソウルを拠点にして、東京と頻繁に行き来をした。金大中が人生でもっとも大きな危険にさらされていた時に、直接会って取材を重ねた私は、金大中を韓国民主化運動の中心人物として取り上げ、社説で、金大中はいかなる理由によっても、処刑されるべきでないと、論陣を張った。

光州事件を嗾《けしか》けた張本人

だが金大中という人物は、偽物《フェイク》だ。本物の人物《リアル・パーソン》ではない。詐欺師《イムポスター》で、偽り者《プリテンダー》だ。いつも駆け引きをしている演技者だ。人々の気持ちを巧《たく》みに操《あやつ》る。哀れむべき人間だ。

私も金大中の演技に、騙された一人だ。多くの韓国民も騙された。金大中の能力のすごさは、そうした詐欺行為がずっとバレることなく、続いたことだ。

金大中の最大の犯罪は、民主主義を欺《あざむ》いたことだった。彼はこのことで、一度たりとも批判されたことがなかった。

光州事件こそ、金大中の欺瞞をはっきりと示した。一九八〇年五月、金大中は軍の頂点にあった全斗煥によって、逮捕された。光州で争乱が起こると、金大中が誰よりも、その背景をよく知っていた。

金大中が欲しかったのは、権力だった。彼はいつも自分の立場だけを、気にかけた。光州事件の勃発するなかで、金大中がもっとも心に留めていたのは、金大中自身であり、権力を握ることだった。

光州事件から二十周年にあたった二〇〇〇年に、私が編者を務めた『光州《ザ・クアンジュ・》暴動《アップライジング》』がニューヨークの出版社から刊行された。事件を取材した一〇人の欧米メディア記者と、一〇人の韓国人記者が執筆した。

この本によって、当時書けなかった事実が、日の目を見た。共同執筆者たちは、みな喜んで思いのままに振り返ってくれた。

光州暴動の真の姿は〝金大中暴動〟だった。彼自身が民主化の旗手を装って、大統領になることを狙って暴動を嗾《けしか》けた事件だった。われわれジャーナリストも踊らされた。さながら、操り人形《パペット》だった。

私の妻は専業主婦だが、鋭い感性を持っている。金大中の芝居に踊らされないように、気をつけるよう、私に注意した。いま、思い返してみると、光州暴動は発端から、金大中の芝居だった。

光州は金大中の地元だが、民衆は軍事政権による圧政のもとで苦しんでいた。金大中がそうしたのではなかったが、それこそ彼の戦略に適《かな》っていた。光州暴動は、金大中が意図したとおりになった。

私は『光州暴動』が出版された当時でさえ、金大中の役割がそこまで大きなものだったとは、想像しなかった。金大中自身が暴動が起こった時には、監獄に捕われ、その後裁判にかけられて、死刑を宣告されていたからだ。

金大中の命を救ったのは、その後、アメリカ大統領に就任したロナルド・レーガンの関係者だった。一九八〇年秋に、軍を掌握していた全斗換大統領と密約を結んだ。全斗換大統領がレーガン新大統領を初めて訪問する外国の元首として、ワシントンに招かれるということと交換に、金大中を処刑しないことを約束した。

レーガンが金大中を処刑させないように努めたのは、金大中が民主化運動の旗手であるというイメージが、アメリカに浸透していたからだった。

光州の反乱が、金大中派のリーダーたちによって起こされ、光州が占拠された時に、西側メディアは一様に金大中を民主化を推進する「善玉《グッド・ガイ》」として取り上げた。もちろん、軍部が「悪玉《バッド・ガイ》」だった。

この「善玉《グッド・ガイ》」と「悪玉《バッド・ガイ》」とを単純に分ける症候《シンドローム》が、何年にもわたって続いた。いまだに回復していないかもしれない。

いまでもアメリカでは、金大中は民主化を推進した英雄だと、広く信じられている。しかし、金大中は「善玉」ではなかった。私はいまにして悔やまれるが、状況を把握できていなかった。光州では三〇〇人以上が虐殺された。市民だけでなく、兵士も殺害された。その責任は金大中が問われるべきだった。

光州事件を起こした者たち、金大中の周辺にいた者は、みな金大中がどれほど世俗的な地位や金《かね》に重きを置き、一族の蓄財を目的としていたかを、知り尽くしていた。私たち外国メディアには、その事実を隠していた。

ジャーナリストとしての不明を恥じる

だが蓄財より、はるかに罪が重いのは、国家反逆罪に値する売国行為だった。それはいうまでもなく、北朝鮮と関わることだった。

金大中は骨の髄《ずい》まで、腐敗していた。韓国の庶民のあいだで、金大中が大統領になってしばらくしてから、本名は「金大好《キムデホ》」だというジョークが、流行《はや》った。

結局のところ、韓国は中国文化圏に属している。今日の中華人民共和国も含めて、歴代の中国と朝鮮の権力者は、横領や、着服に耽《ふけ》ってきた。金大中も例外ではなかった。

それどころか、民主化のホープを気取りながら、ノーベル平和賞を手に入れるという名誉欲に駆られていた。私欲の権化だった。

私が一九六八年に初めて韓国を訪れた時は、韓国はまだ貧しかった。朴正熙が現代の韓国をつくりあげた。朴正熙は日本で訓練を受けて、満洲国軍将校となったが、清廉な日本精神を身につけていた。日本が遺《のこ》した物的、精神的遺産を土台として、二〇年で韓国を現代的な国へつくり変えた。もし暗殺されなければ、さらに業績を積みあげただろう。

六〇年代から八〇年代にかけての韓国は、つねに危険と隣り合わせだった。実際に、私も暗殺の対象《ターゲット》となっていた。特派員として、韓国政界や軍について、報道されたくない裏話を書いていたからだ。

韓国中央情報部（ＫＣＩＡ）が、私が事故に巻き込まれるように画策しているということだった。銃やナイフで襲うのではなく、事故を装って殺すというのだ。

当時のマイク・マンスフィールド駐日アメリカ大使は、私が韓国へ行くときは、ボディ・ガードとして大使の側近のスタッフをつけようと、申し出てくれた。その申し出を私は断わったが、暗殺の脅威は、光州事件前後、およそ六カ月ほど続いた。

いまでは、このような危険はない。西側のジャーナリストが韓国で命を狙われることはない。だが、あのころの韓国には、毒気《トキシック・エアー》が充満していた。

私の知人が、昔から「金大中は信用できない。北朝鮮のポケットのなかにいる。彼は北朝鮮のためにやっている。韓国のためではない」と、言っていた。

私は「そんなバカな。彼は韓国の民主化のために、つねに尽力してきた。クリスチャンだし、善良な人だ」と、反論した。だが、私が間違っていた。

大統領となるとすぐに、北朝鮮の傀儡であることを示した。私はジャーナリストとして、ただ不明を恥じている。

2、金日成と北朝鮮という国

金日成との歴史的面会

ソ連に命じられて北朝鮮を建国した金日成と、一九八〇年六月に初めて会う機会に恵まれた。光州暴動の直後だった。

アメリカは朝鮮半島情勢が、一触即発の危機にあると判断しており、朝鮮戦争の再発を、恐れていた。光州暴動のように局所的なものではなく、朝鮮半島で全面戦争が起こることを懸念していた。

そのような情況で、要人を北朝鮮に訪問させる戦略が実行へ移された。韓国が北朝鮮を刺激したり、攻撃を仕掛けないということを、ハッキリと伝えるためだった。すべてはアメリカの掌中《しょうちゅう》にあり、戦争が勃発することはないというメッセージを、北朝鮮の元首に伝えることになった。

誰がそのメッセージを、どう伝えるか。困難な任務だった。

ニューヨーク州選出のスティーブ・ソラーズ下院議員に、白羽の矢がたった。『ニューヨーク・タイムズ』からは、記者が一人だけ同行することになった。

『ニューヨーク・タイムズ』は、本家の『ロンドン・タイムズ』社に人選を依頼し、私を適任だと判断した。ニューヨーク側が北朝鮮と交渉し、招待状が私に届いた。だが、金日成との会談には、同席しない条件付だった。握手はできるが、会談には立ち会えないという。

ソラーズとともに、私は北朝鮮に入国した。ソラーズには、目付役がついていた。国務省か、CIAだったろう。

滞在四日目だった。重要な人物と会うと言われて、期待に胸を躍らせた。

平壌《ピョンヤン》空港へ連れていかれ、飛行機で北東へ移動し、小さな空港に降りた。どこであるか、まったく知らされなかった。そこから車で山をいくつか越えて、目的地に着いた。

そこは、別荘のようだった。車で坂を上り、ゴルフ場のクラブハウスのような木造の平屋の前で降りた。さらに登ってゆくと、労働服を着た男が立って、出迎えた。金日成だった。

首の後ろに、大きなコブが見えた。間違いなく、本物の金日成だと思った。

金日成は、まず、ソラーズ議員に挨拶をし、私が続いた。その場に『タイム』誌と、アメリカNBCテレビ記者もいた。私がメディアの代表だった。

同行した若い国務省の役人が「報道関係者はダメ」と、小声で繰り返し訴えた。ソラーズは、国務省から金日成との会談は報道陣に取材させないように、強く言われていた。

『ニューヨーク・タイムズ』は、私の記事をトップではなく、一面下段の扱いで報じた。アメリカからのメッセージは、「アメリカは全力を挙げて戦争の暴発を防ぐ努力をする」というものだった。アメリカが金大中を守ることも、盛り込まれていた。

私は記者として歴史的な機会だと、思った。ここに来られる西側の者は、まさにひと握りしかいない。『ニューヨーク・タイムズ』のアメリカ人記者、ハリス・サリスベリーが一九七一年に入ったのが最初で、私は二番目だった。イギリス人記者としては、初めてだった。

トラックの荷台で運ばれていく人々

さらに私は幸運にも、平壌郊外にある金日成の宮殿で五日間を過ごすことができた。宮殿はヴェルサイユ宮殿の軍事版のようだった。堀によって囲まれた広大な敷地にあって、数え切れないほど多くの部屋があった。

バスルームも普通のホテルの一〇倍か、二〇倍もの広さで、世界中から集められたあらゆる香りの石鹸や、香水が置かれていた。

平壌に滞在している間、毎夜、パーティーがあり、私も毎日その様子を記事に書いて送っていた。

毎晩、十一時になると車が迎えにきた。一人でそれに乗って、郵便局へと向かった。ニューヨークへ記事を送るためだった。

私はその間、北朝鮮の高官とずっと一緒にいた。高官らは立派な人物のように思えた。威厳があり、アメリカに対する北朝鮮の政策について、論理的に一貫した説明を行なった。私は感銘を受けた。

北朝鮮の高官は高尚な精神を持っていると、思った。金と私利を第一にしている韓国の高官と、まったく対照的だった。北朝鮮の高官は、そういう世俗的な欲求から離れ、北朝鮮の政策や理想や信念を語った。独立の気概があった。

他方、韓国はアメリカにベッタリと依存している。北朝鮮は自国を自らの手で防衛し、さまざまな政策を決定するが、韓国や、日本のように他国への依存心が、まったく感じられなかった。紳士的に静かに物事を語る、北朝鮮高官に感心した。しかし、西側記者に、私のように「北朝鮮高官に威厳を感じた」と書いた者は、いなかった。

私は高官と高級車の後部座席に乗って、観光する機会も与えられた。中央官庁の建物や、大規模な集団農場などを見た。そのとき私は平壌の郊外で、偶然、一五台ほどのトラックの車列とすれ違った。トラックは大勢の男たちを運んでいた。

男たちはみな、悲惨な環境にいることが一目でわかる目つきをしていた。私は政治犯収容所から運ばれてきたと、直感した。北朝鮮のリーダーたちと、政治犯収容所の囚人とのギャップに、北朝鮮の現実を感じた。ショックを受けた。

北朝鮮は独裁国家で、政権が軍も完全にコントロールしていた。政治犯は収容所に入れられ、もちろん、言論の自由はなかった。

私はトラックで運ばれていた男たちを目にして、この国の真の姿を目にしたと思った。

北朝鮮の高官たちは、ポーカーゲームの達人のようなものだった。こうした国家は、日々、偽装を続け、国家を経営しているのだった。

私は北朝鮮が制作したオペラも、鑑賞した。テナーで美しい歌声の主人公が、ジャーナリストの役を演じた。北朝鮮が準備した接待の演出が、すべてコミカルで、ドラマチックだった。

3、北朝鮮で見たシアヌーク殿下

シアヌークが北朝鮮で制作した日本軍の映画

二十世紀にもっとも光彩を放った東南アジアのリーダーの一人が、シアヌーク殿下だった。シアヌークというのはフランス語の発音で、英語ではhを発音して、シハヌークとなる。

シアヌークは芸術が好きでパリに住み、政治も芸術と位置づけていたのが魅力となって、人を引きつけた。その性格から、国内外で多くの人々に愛されていた。

ギネスブックはシアヌークを「世界でもっとも多彩な経歴を持つ政治家」と認定していたが、彼は冷戦時代に激動のアジアで、文字どおり波乱の人生を歩んだ。

シアヌークがフランスの統治下で国王として即位したのは、十八歳の時だった。一九四五（昭和二十）年三月に、日本軍がカンボジアでフランス軍を武装解除すると、シアヌークはカンボジア独立を宣言した。

日本の敗戦によって、シアヌークはフランスの再支配を制限つきで認めたが、アメリカなど各国を歴訪して独立を訴えた。一九四九年にフランス連合内で独立を認められたものの、フランスが警察、軍事権を持ったままだった。

シアヌークは完全な独立を訴えて、離宮に籠《こも》った。国内各地で反仏デモが勃発した。フランスは一九五三（昭和二十八）年十一月にカンボジアの独立を認め、シアヌークは「独立の父」として国民の尊敬を集めることとなった。

一九五五（昭和三十）年にシアヌークは、父に国王の座を譲って退位し、政治団体の総裁となり、総選挙で全議席を獲得して、首相と外相を兼ねた。父王が一九六〇（昭和三十五）年に逝去すると、王位を空席として、「国家元首」として采配を振るった。

一九七〇（昭和四十五）年三月に、首相兼国防相のロン・ノル将軍が率いる反乱軍が、クーデターを起こし、外遊中だったシアヌーク国家元首を解任した。クメール共和国と改称して、ロン・ノルが大統領に就任した。アメリカは親米派のロン・ノルを支援したのだった。

シアヌークは、アメリカとソ連の双方と対立していた中国の北京で、亡命政権を樹立した。

シアヌークはカンボジアから追われているあいだ、金日成の食客として北朝鮮にも滞在した。半分は平壌、半分を北京《ペキン》で過ごした。

私は平壌の郊外にある金日成の宮殿に招かれた時、偶然、シアヌークに会った。宮殿は北朝鮮のためにシアヌークが建てたものだった。

当時、ベトナム戦争でのアメリカの敗北が、ほぼ確実視されていた。金日成もアジアがどうなるか、情報を得たかったので、二人は互いに情報交換をしていた。

シアヌークは昔から劇映画を制作して、自分が監督し、主演もする趣味を持っていた。一九六九年にシアヌークがつくった『ボコールの薔薇』という、作品がある。平壌の撮影所で撮《と》ったものだ。

はじめ金日成の肖像と、金日成を讃《たた》える字幕が出てくる。台詞《せりふ》はすべて、朝鮮語に吹き替えられている。

映画はカンボジアのボコールに、民衆が総出で沿道に並んで歓迎するなかを、日本軍が進駐する場面から始まる。シアヌークが日本軍の指揮官・長谷川一郎《はせがわいちろう》大佐を演じ、モニク王妃が町の有力者の娘で、大佐の恋人の役を演じている。シアヌークがカンボジアを解放した日本に、深く感謝していたことが感じとれる。

映画の中の日本軍は、じつに規律正しい。日本兵の役は、朝鮮人民軍の兵士がエキストラとして動員され、演じている。

日本軍が来ると、民衆が「解放者」として狂喜して迎える。フランス軍司令部の屋上から、フランス国旗が降ろされ、「君が代」が吹奏されるなかで、日の丸があがる。長谷川大佐は軍装に軍刀を吊り、凜々《りり》しい日本軍人として描かれている。

抜刀《ばっとう》の礼を行なう長谷川大佐が率いる、日本軍人を演じる数百人の朝鮮人民軍の兵士たちが、日の丸に対して捧《ささ》げ銃《つつ》を行なうのは、奇観だった。

日本軍とフランス軍が交戦して、フランスの司令官が戦死すると、丘の上の小さな教会で葬儀が催される。長谷川大佐が参列し、柩《ひつぎ》が埋められるのを、挙手の礼で見送る。日本軍人は敵にも手厚いのだ。

長谷川大佐の執務室の机の上には、軍装で白馬を駆られる天皇の御真影《ごしんえい》が、飾られている。

副官が広島に原爆が投下されたことを報告すると、副官が去った後に、大佐が慟哭《どうこく》する。

日本が降伏したという通信を受けると、大佐は町の恋人の家を訪れて、ピアノで「さくらさくら」を弾《ひ》く。その旋律が流れるなかで、爛漫と桜が咲き誇る日本の春、紅葉に染まった秋の山河、白雪に覆われた冬の日本の風景が、次々と映しだされる。

シアヌークは戦争に敗れても、日本の気高い精神が少しも変わらないということを、訴えた。

この映画の試写会には、金日成が長男の正日をともなってやってきた。上映が終わると、二人がシアヌークに「素晴らしい作品だ」と、口を揃えて賞《ほ》めそやした。

私はこの話をシアヌークの側近から聞いた。その映画も見たが、金日成も金正日も、東南アジアの国々が、日本に感謝していることを、学んだにちがいない。

金日成の宮殿を住居とするシアヌーク

シアヌークはカンボジアの民衆にとって、神のような存在だった。

シアヌークはパリのナイト・クラブでサクソフォンを演奏し、名手として知られていた。パリのプレイボーイとしても知られた。

シアヌークに会った時、私がフランス語で話しかけると、フランス領インドシナのプノンペンで生まれたシアヌークは、フランス語で「ムッシュー、あなたのフランス語は、美しい発音をされている。かすかにペルシャ訛《なま》りがありますね」と言った。私はフランスにもいたので、フランス語を流暢《りゅうちょう》に話せたが、自分でもペルシャ訛りとは気がつかなかった。

シアヌークは注意深く、金日成についてはひと言も語らなかった。当時、アメリカはベトナムで戦争を続け、国際法に反して無差別爆撃を遂行していた。

私が北朝鮮で五日間滞在した平壌郊外の金日成の宮殿には、シアヌークも滞在しており、別名「シアヌークの宮殿」とも呼ばれていた。『タイム』誌のリチャード・バーンスタイン特派員と、NBCテレビから派遣されたフリーのジャーナリストと一緒だったが、私は『ニューヨーク・タイムズ』の特派員だったから、誰よりも大切にされた。シアヌークは、つねに笑顔を絶やさず、私たちを受け入れてくれた。

警備がきわめて厳しいと思うだろうが、違った。宮殿内には警備員の姿は、まったく見られず、平壌から五キロほどの郊外の山の中にあったが、周囲も警備をしているとまったく感じられなかった。

毎晩、夜の帳《とばり》が降りると、虫を寄せつけないように、巨大な篝火《かがりび》で香《こう》が焚《た》かれた。

私は毎晩十一時ごろに、『ニューヨーク・タイムズ』に記事を送るために、車で郵便局まで行ったことは先にも述べたが、そのとき私は兵士の群が武装して、直立不動の姿勢をとって入口からずっと道なりに立っているのに気がついた。真っ暗な中で、ヘッドライトに小銃を持つ兵士の姿が照らし出された。欧米なら、真っ暗な中でずっと立っているとしても、ライトがついた箱《ボックス》のなかに立っていよう。

まるで幻想世界《ファンタジー・ワールド》の出来事だった。そのなかに、金日成もシアヌークも住んでいた。

私は金日成がシアヌークに細かく心配りしていたのに、驚いた。金日成は世界にいったい何人の友人がいたのか。おそらくいなかったのではないか。シアヌークが、そんな金日成を包み込んでいた。金日成はかけがえのない存在として、大切にしていたのだろう。

4、インドネシア「建国の父」、スカルノ

「九月三十日事件」直後に面会したスカルノ

インドネシアで「建国の父」として慕われていたスカルノは、インドネシアの独立に大きな役割を果たした。

ジャワ島のスラバヤの出身で、父は教師、母は貴族の出身だった。名はジャワの逸話に登場する、「カルノ」という武芸の達人からとった。

一九二七（昭和二）年にインドネシア国民党を結成し、各地で独立を訴えたが、オランダ植民地当局にたびたび逮捕された。一九四一（昭和十六）年十二月に、日本軍がオランダ軍をオランダ領東インドからまたたく間に放逐した。スカルノは流刑から解放されると、インドネシア独立のために、日本軍に協力した。

日本の降伏の二日後に、ハッタとともにインドネシア独立を宣言した。オランダは再植

民地化のために、インドネシアに侵攻した。しかし、日本から「ムルデカ（独立）」精神を学んだインドネシア人と、復員を拒《こば》んで現地に残った日本兵とが協力して、オランダ軍と戦い、ついに独立を達成した。

だが、スカルノはその後、中国によって、すっかり懐柔された。一九六五（昭和四十）年に、スカルノ大統領は共産党と結んでいた空軍と共謀して、インドネシアの共産化を企て、クーデターを行ない、陸軍の幹部将校六名を殺害した。これに対して、スハルト将軍が中心となった陸軍が反撃し、共産勢力を粉砕した。「九月三十日事件」である。これによって、東南アジアで最大だったインドネシア共産党が壊滅した。

スカルノ大統領は親共路線の責任を問われ、陸軍が煽動した、辞任を要求するデモがひろがると、実権をスハルトに譲った。

スカルノはすべての役職を剝奪されて、軟禁状態に置かれた。

私はスカルノに「九月三十日事件」の直後に、ジャカルタで会った。自宅軟禁の状態で外出もできなかった。見張りは厳しかった。その見張りは、普通の男性兵士ではない。この世に、これほどゴージャスな美女がいるかと思うほどの女性だった。

私が会ったアジアの元首は、みなまるで映画のような豪華な境遇に身を置いていた。面白いことに、みな自分専用の劇場を持っており、芸術を好むプレイボーイだった。

人生を優雅に楽しみ、巨額の金《かね》と、女性を囲う術を持っていた。建国の父たちはスケールが大きかった。

毛沢東《もうたくとう》も数千万人の人民が、失政によって餓死していったのをよそに、中南海で酒に、極上の中華料理に加えて、女たちを貪《むさぼ》る、豪華な生活に耽《ふけ》っていた。

私がスカルノに会った時、彼は太い葉巻《シガー》をくゆらせていた。香り《アロマ》が幻惑的で、惑わされるような気になった。

私はインドネシアをよく知らなかったので、「閣下、吸われているものは、いったい何でしょうか」と尋ねた。マリワナかと想像した。インドネシアでは、マリワナが広く吸われていたからだ。

自分で巻いたような、太い葉巻《シガー》をくゆらせながら、スカルノは「これはインドネシアの『クリテック』というハーブのシガレットだ。最初に君と同じ質問をしたのが、（エリザベス女王の夫君の）エジンバラ公だった」と説明し、さらに「このアロマが、イギリス人を極東の侵略へと向かわせたのだ」と、語気を強めた。

「この香りだよ、この最高の香りが白人たちをヨーロッパからアジアへと引き寄せたのだ。それが歴史の真相だ」

と、語った。

きっと、中国も、このアロマによって引き寄せられたのだろう。

もし、スカルノの左派革命が成功していたら、インドネシアが共産化して、中国の影響下に置かれただろう。そうなっていたら、日本がどうなったか考えると、背筋が寒くなる。

第九章　私の心に残る人々

1、日本とユダヤ人

日本人とユダヤ人の共通項

何世紀にもわたってユダヤ人は、迫害を蒙《こうむ》ってきた。イエス・キリストを処刑したのは、ユダヤ人だった。新約聖書ではイエス本人が、「ユダヤ人は悪魔の子だ」と決めつけている。すると、母のマリアも悪魔の子になる。

ユダヤ人はイエスを、救世主として認めていない。ユダヤ人は圧倒的なキリスト教世界のヨーロッパで、独自のありかたを堅持してきた。アメリカでも独特な生活様式を、保っている。

当然のことだが、ユダヤ教徒はキリスト教社会で差別されてきた。中世を通じて、ユダヤ人はずっと迫害されてきた。

近代のイギリスにおける反ユダヤ主義《アンチ・セミティズム》は、ユダヤ人が祖国回復運動を推進して、紀元七

○年代にユダヤ王国が滅ぼされたパレスチナの地に、イスラエル国家を再建しようという気運が高まったことに、起因する。

ヒトラーがユダヤ人を弾圧して、殺害したのは、ドイツが第一次大戦で敗北した原因を、ユダヤ人になすりつけたかったからだった。ヒトラーはユダヤ人の陰謀が敗北を招いたと、考えた。

ヒトラーは、第一次大戦で敗戦の苦しみを味わったドイツ将兵をはじめ、ドイツ国民に陰謀説を宣伝した。そして、人々がそれを信じたのだった。

ヒトラーは敬虔なクリスチャンだった。「陰謀説」という方便を使って、イエスを処刑したユダヤ人の虐殺を実行したともいわれる。

シェークスピアがユダヤの両替商人をテーマにした、『ベニスの商人』を読んでもわかるが、非ユダヤ人によるユダヤ人憎悪が存在する。

だが、西洋のキリスト教徒すべてがユダヤ人を憎んで、差別しているという見方は、単純すぎる。西洋キリスト教世界全体が、ユダヤ人を弾圧してきたわけではない。

とはいえ、ユダヤ人は、ユダヤ人以外の人々と違うという感覚は、私もユダヤ人と接して感じてきた。そのことが、ユダヤ人に対する嫌悪感となってきた。

日本人はこの点では、まったく違う。ユダヤ人を平等に扱った。

だが、日本人もユダヤ人と同じように、キリスト教徒から蔑《さげす》まれてきたという点では共通する。

それは優秀な民族だからだ。日本は日露戦争では白人のロシア帝国に対して勝ち、大東亜戦争では数百年にわたってアジアを支配していた西洋人を、あっという間に追っ払ってしまった。戦後は敗戦から瞬《またた》く間に復興を遂げ、〝ジャパン・アズ・ナンバーワン〟と言われる世界第二の経済大国の地位まで昇った。今日も先進国首脳会議で、唯一の非白人国家である。

日本は他のアジア諸国と、違う。優れた民族だ。ユダヤ人と日本人はよく似ている。どちらも優秀だから、他の民族から嫉妬され、批判にさらされる。

ユダヤ人を救った東条英機の知られざる功績

日本人とユダヤ人とのあいだには、深い絆《きずな》がある。日露戦争の戦費の大きな部分をユダヤ民族が負担した話は有名だ。

東洋の小国の日本が白人の大帝国だったロシアに勝てるとは、誰も思っていなかった。

日露戦争の開戦が迫ると、日本銀行の副総裁だった高橋是清《たかはしこれきよ》が戦費を調達するために、日本の国債を売る使命を担《にな》って、海外へ赴《おもむ》いた。アメリカでは誰も引き受け手が現われず、徒労に終わった。

同盟国のイギリスは、好意的であったものの、誰もが投資に消極的だった。やっとのことで銀行団に、五〇〇〇万ポンドを引き受けてもらったが、それでは足りなかった。

そんな時に、イギリスの銀行家が自宅で催した晩餐会で、隣席したアメリカ人が日本兵の士気など質問をしてきた。是清は英語が堪能だったので、一所懸命に説明をした。

すると翌日、その銀行家が是清をホテルに訪ね、「日本国債を引き受けよう」と申し出て、是清を喜ばせた。

この銀行家こそ、ドイツ生まれのユダヤ人で、ニューヨークで投資銀行を経営していたヤコブ・ヘンリー・シフだった。シフは当時のアメリカで力のある銀行家だった。日本国債を五〇〇〇万ポンド引き受けたうえ、全世界のユダヤ人に、日本の戦時国債を買うよう呼び掛けた。日本は戦費を調達できた。

シフは日本政府に招待されて日本を訪れ、明治天皇から旭日大綬章を授与された。その後で、シフは陪食《ばいしょく》を賜ったが、それは外国の民間人として初めてのことだった。

シフの話を知っている日本人は多い。しかし、多くの日本人も世界の人々も知らないことがある。それは日本がユダヤ人を救った話だ。

といえば、リトアニア駐在領事代理だった杉原千畝《すぎはらちうね》を想い出そうが、私が取り上げるのは、まず樋口将軍《ジエネラル・ヒグチ》として知られる樋口季一郎《ひぐちきいちろう》中将と、安江仙弘《やすえのりひろ》大佐である。二人の名前は、『ゴールデン・ブック』に掲載され、顕彰されている。

『ゴールデン・ブック』は、ユダヤ民族に貢献した外国人の名が記されている。第一巻目の表紙に太陽がエルサレムに注ぐ光が描かれ、黄金色なので、そう名づけられた。

樋口と安江は、ともに六巻目のユダヤ暦五七〇一年「タムズ月十九日（西暦一九四一年七月十四日）」に、記録されている。

だが、本当に『ゴールデン・ブック』に記載されるべき人物が東條英機《とうじようひでき》であったことを、知る人は少なかろう。

一九三〇年代末に、二万人ものユダヤ人難民がナチスの迫害を逃れ、シベリア鉄道で満洲国境へやってきていた。当時、関東軍ハルビン特務機関長だった樋口少将が、新京《しんきよう》に司令部を置く関東軍参謀長に、ユダヤ人難民の入国の許可を求めた。当時の参謀長が、東條英機中将だった。入国を許可しなければ、ソ連がドイツに送り返すところだった東條は「民族協和と八紘一宇《はっこういちう》の精神」に従って、二万人のユダヤ人の入国に許可を与えた。ドイツ外務省が日本政府に対して、強硬な抗議を行なったが、東條は「当然な人道上の配慮」だとして一蹴した。

もし、東條が樋口に許可を与えなかったとすれば、ユダヤ人難民が救われることはなかった。

ユダヤ人を救った最高責任者として、東條の名が樋口と安江とともに、『ゴールデン・ブック』に刻まれるべきだった。しかし、ハルビンのユダヤ人社会のリーダーが、東條の役割を知らなかったので、載《の》ることがなかった。

東條は東京裁判で「A級戦犯」として、処刑された。ヒトラーと同列であるかのようにして、いわれなき不当な扱いを受けた。

杉原千畝は六〇〇〇人のユダヤ人にビザを発給して、「日本のシンドラー」という評価を国際的に得ている。だがシンドラーがユダヤ人を救ったのは、金《かね》目的だった。二万人のユダヤ人の命を、人道を理由として救った東條の功績は、世界のユダヤ人に広く知られるべきである。

英仏のロスチャイルド家をひとつにした男

『ニューヨーク・タイムズ』紙の所有主は、ザルツバーガー家というユダヤ人一族だ。

ニューヨークの中心の四十三丁目にある本社の仕事場を初めて訪れた時、三人の同僚と意気投合した。頭の切れが鋭く、ユーモアのセンスも抜群で、他のスタッフよりも面白く魅力的だった。三人はユダヤ人だった。それ以来、ユダヤ人と波長が合うようになった。

私はユダヤ金融財閥のロスチャイルド家とも、縁が深い。

ロスチャイルド家の歴史は驚愕に値する。ドイツ北部のユダヤ人一族の出で、はじまりは、神聖ローマ帝国の自由都市フランクフルトの商人だった。マイアー・ロートシルト（ロスチャイルド）は一七六〇年代から古銭商を始め、収集家だったヘッセン・カッセル伯爵家皇太子ヴィルヘルムの御用商人となった。

一七八九年に、ロートシルト銀行は、ヘッセン・カッセル家の正式な金融機関として認められた。ドイツからヨーロッパ全体に信用貸付によって活動を拡げた。

ナポレオン戦争でヘッセン・カッセル家が潰れ、ヴィルヘルムは逃亡したが、ロートシルト家が残された巨額の財産管理と事業権を任され、ヨーロッパに広がっていた一族の援《たす》けで、莫大な富を得た。

一八一二年にマイアー・ロートシルトが死去すると、五人の息子は長男がフランクフルトで、他の四人はウィーン、ロンドン、ナポリ、パリという別の国で事業を展開した。五人の兄弟が各地に散らばって、影響力を強めた。

私が経済記者になった時、いずれロスチャイルド家の誰かと会うことになろうと、思った。ロスチャイルド一族は、みな要職にあったからだ。

一九六三年のことだった。まだ東京に『フィナンシャル・タイムズ』をもって来る前のことで、私はロンドン本社で海外の経済関連記事を書いていた。私はヨーロッパ担当ではなかったが、担当の同僚が休暇で休んだために、私が書かざるをえなくなった。そこで、スイスのチューリッヒにいたシルベア・デ・ボトンという男に連絡を取ってみた。デ・ボトンは若い契約記者だった。正体不明だったが、ひょっとしてネタがあるかと思って当たってみた。

フリー・ジャーナリストのデ・ボトンは、ほとんど記事も書かず、稼いでいなかった。『フィナンシャル・タイムズ』経済部の関連会社で記者見習いとして修業していた。「なにか記事が書けるか」と、尋ねた。彼は書くと言ったが、何も送ってこなかった。

その後、長期休暇でスイスにスキーに出かけた。すると、泊まったパレス・ホテルに、デ・ボトンもたまたま泊まっていた。

ホテルのダンスパーティーで、初めて会ったデ・ボトンは、顔を輝かせた小柄な男だった。すぐに意気投合した。

それにしても、パレス・ホテルはスイス最高の高級ホテルだった。なぜ稼ぎもないデ・ボトンがそこに滞在しているのか、不思議に思った。だがデ・ボトンは、ロスチャイルド一族を、マークしていた。

ロスチャイルド一族がパレス・ホテルを定宿にしていた。ちょうどそのときも、エリ・ド・ロスチャイルドが宿泊していた。ホテルの従業員から、「デル・エリ」と呼ばれて、親しまれていた。

デ・ボトンは、五年後に偉業を成し遂げた。当時ロンドンのロスチャイルド家は、フランスのロスチャイルド家を嫌い、不信を向けていた。フランスのほうの家も同じだった。

デ・ボトンは「もともと一つだった一族が、ロンドン、パリ、ベニス、ハンブルク、チューリッヒと五つに分裂したのだったら、ひとつになれれば素晴らしい」と、考えた。大仕事だった。

デ・ボトンは行動の人だった。チューリッヒにロスチャイルド銀行株式会社を設立して、ロンドンとパリのロスチャイルド家をひとつにした。

ちなみに、三島が死んだ時に、三島についての本を書くべきだと、直言してくれたのは、デ・ボトンだった。「三島の本を書かなかったら、後悔する」と言って、私を説得した。そうでなかったら、私は『三島由紀夫生と死《ザ・ライフ・アンド・デス・オブ・ユキオ・ミシマ》』を書くことはなかった。

固く閉ざされた世界の扉を開ける鍵

ある時、デ・ボトンが息せき切って、電話してきた。「ヘンリー、いますぐに、プラザ・アテネに来てくれ」という。パリの高級ホテルだ。デ・ボトンはいつも最高級のホテルを舞台にしていた。「何でもいいから三島由紀夫の資料を、持ってきてくれ」とつけ加えた。「あき子（私の妻）も一緒だ」と言って、切った。

私たち夫妻はプラザ・アテネへ駆け付けた。デ・ボトンに映画監督のロマン・ポランスキーを紹介された。そのときは紹介だけだったが、一年後にパリで親交を持った。デ・ボトンはポランスキーの資産を、一部管理していた。

ロスチャイルド家と繋がることによって、ヨーロッパの人脈とも繋がれる。デ・ボトンは固く閉ざされた世界の扉を開く鍵を持っていた。ポランスキーに紹介されたのは、ポランスキーが映画『チャイナ・タウン』を制作した頃だった。デ・ボトンはポランスキーに、三島由紀夫をテーマにした映画を売り込んでいた。しかし、構想だけで実らなかった。

パリにいた時に、ある朝電話が鳴った。低い声で「エリア・カザンです」といった。驚いたが、「何か御用ですか」と尋ねた。やりとりは、三〇秒ほどだった。映画『オン・ザ・ウォーター・フロント（邦題：波止場）』で世界的に知られた監督が、直接に電話していた。直感的に、三島由紀夫の映画制作のことだと思った。それにしても、世界的な映画監督が、なぜ私に電話をしてくるのか。それができるのは、デ・ボトンだけだった。

三島由紀夫の映画が日の目を見たのは、一九八五年だった。

ポール・シュレーダーは、アメリカの有名な監督で、脚本を書いた『タクシー・ドライバー』が世界中で大ヒットしていた。シュレーダーは、ある日突然、日本外国特派員協会にやってきた。三島の映画のシナリオを、自分で書いて持っていた。映画制作は、ジョージ・ルーカスが手助けして、日本で撮影した。映画は『ＭＩＳＨＩＭＡ』のタイトルで公開はされたが、興行的に失敗した。

ロスチャイルドの家長であるジェイコブ・ロスチャイルドは、芸術の世界でよく知られている。いまも活動中だ。ロンドン郊外の邸宅も、芸術作品のようだ。ジェイコブは傲慢で冷たかったので、あまり好きになれなかったが、ジェイコブはデ・ボトンによって、ビジネスを拡げることができた。二年前にデ・ボトンは『フィナンシャル・タイムズ』紙上で対談をした。

デ・ボトンは、私の息子ハリーにとっての「ゴッド・ファーザー」だった。私はハリーをジェイコブや、デ・ボトンとともにエルサレムに連れて行ったことがある。ハリーはデ・ボトン一家とも親しくした。これからハリーとデ・ボトンの子どもたちが、一緒にいろいろできれば、よいと思う。日本にとっても、私たちとロスチャイルド一族と家族的な付き合いが、世代を超えて続くことはプラスだ。

クエーカー教徒として

私がユダヤ人や、日本人に親しみを感じるのは、クエーカー教徒だからかもしれない。クエーカー教徒も差別を受けてきた。クエーカー教徒は役人にも、軍人にも、法律家にもなれなかった。土地も所有できなかった。キリスト教新教の一派だが、イギリスからアメリカへ新天地を求めたのも、そうした背景があった。祖国を追われたユダヤ人と心情的に通じる。

クエーカー教はジョージ・フォックスが十七世紀にイギリスで立教した。特色は、権威に対して頭を下げないことだ。自由と独立を信条としている。山高帽を被ったまま、挨拶をする時も、脱がない。一方で真摯《しんし》で、礼儀正しいことで知られる。

クエーカーは少数派ゆえに、差別を受けてきたが、ユダヤ人も少数派だから、迫害されてきた。日本人もまた少数派で、世界から「大虐殺」をしたとか、女性を「性奴隷」としたといって、憎まれている。

クエーカー教には神職がいない。集まって瞑想し、霊感を受けた者が、立ち上がって感じたままを話す。一人が話し過ぎた場合は先達《エルダーズ》が穏やかな語り口調で終えるよう促す。讃美歌を歌うこともない。教義を押し付けることもなく、個人が霊感することを尊重する。一人ひとりが良心と向き合う。

クエーカーの集会所《ミーティング・ハウス》は木で建築され、派手な装飾が一切ない。素朴なところが、神道の神社と結びつく。聖書も丸呑みにすることがない。キリストを信仰するが、盲信よりも、「いったいキリストとは、どういう方か」と問い続ける。形式や教義がない。

私がユダヤ人や、日本人と波長があうのは、クエーカーだからだろう。

2、日本文学を世界に伝えた友人たち

戦場の日本兵の気高さに打たれたドナルド・キーン

ドナルド・キーン、エドワード・サイデンステッカー、アイヴァン・モリスの三人が、日本文学を世界に紹介するうえで、大きな貢献をした外国人として、よく知られている。みな私の親しい友人たちである。

日本文学を翻訳して世界に発信した三人は、いずれも第二次大戦中に日本の敵国だったアメリカとイギリス軍によって、養成された。

私も日本文学に造詣が深いだろうと、よく勘違いされる。だが、英訳された日本文学を読むものの、日本文学の学者でないし、英訳したこともない。三人と親しかったことや、三島に関する著作があることから、誤解を招くのだろう。

ドナルド・キーンは、二〇一二（平成二十四）年に、日本国籍を取得した。「余生を日

本で暮らす」という宣言は、広く報じられた。日本外国特派員協会で特派員との会が持たれた際には、私が司会を務めた。

キーンは十六歳で奨学金を受け、コロンビア大学に入学した。厚さのわりに安かったという理由で、アーサー・ウェイリーが訳した『源氏物語』を買った。これが出会いとなって感動して、日本語を学び始め、日本研究に打ち込んでいった。

一九四二（昭和十七）年に、コロンビア大学で学士号を取得し、アメリカ海軍日本語学校に入学した。そこでは完全な「缶詰教育」で、英語厳禁のなかで、日本語の本を読み、レポートを書き、授業以外も一日中ずっと日本語で過ごした。

語学に戦争の勝敗がかかっていた。最前線に送られるから、命を賭《と》した研修だった。研修後は情報将校として、太平洋戦線で通訳を務めた。日本軍捕虜の聞き取り調査をし、日本兵の遺体から奪った日記や、手紙を訳した。それらの手紙や日記は血まみれで、異臭を放っていた。腐敗した遺体から奪ったものだった。

翻訳は、日本軍がどのような現状に置かれているか、どのような戦闘行動に出てくるのか、それを知るのが目的だった。日本軍にとって何が有利で、不利かつかむためだった。

キーンは、それらから日本人の気高さに、打たれた。著書『日本との出会い《ミーティング・ウィズ・ジャパン》』のなかで、述懐している。

「ガダルカナルを餓島と呼んだ日本軍の兵士たちの耐えた困苦は、圧倒的な感動を呼び起こした。アメリカ軍の兵士の手紙には何の理想もなく、ただ元の生活に戻りたいとだけ書かれていた」

「大義のために滅私奉公する日本人と、帰郷以外のことにはまったく関心を持たない大部分のアメリカ人。日本の兵に対しては賛嘆を禁じえなかった。そして結局、日本人こそ勝利に値するのではないかと信じるようになった」

日本軍は補給を完全に断たれ、餓死する兵士が続出していた。だがキーンは、まさに超人的な精神力で戦った日本兵を、目の当たりにした。

二十歳にも満たない兵士も多くいた。彼らは親兄弟から遠く離れた戦地で、勇敢に戦って、命を落としていったのだった。

キーンは自分を平和主義者《パシフィスト》としているが、それは戦場の体験に基づいていた。

『高貴なる敗北』を三島に捧げたアイヴァン・モリス

私は三人のなかでは、モリスともっとも親しく、家族ぐるみの付き合いがあった。

ロンドン生まれで、父はアメリカ人小説家のアイラ・モリス、母はスウェーデン人小説家のエディタだった。キーンと似た経歴だが、第二次世界大戦でイギリス軍士官候補生として日本語の訓練を受けたことが契機となって、ハーバード大学で日本文化を研究し、その後ロンドン大学で『源氏物語』の文体研究で博士号を取得した。

通訳として広島を最初に訪れたひとりで、その後ＢＢＣ（イギリス国営放送）や外務省に勤務し、コロンビア大学では日本文学を教えた。

日本古典文学の研究者として、清少納言《せいしょうなごん》の『枕草子』や、菅原孝標女《すがわらのたかすえのむすめ》の『更級《さらしな》日記』、井原西鶴《いはらさいかく》をはじめ、昭和文学として三島由紀夫の『金閣寺』、大岡昇平《おおおかしょうへい》の『野火』、大佛次郎《おさらぎじろう》の『旅路』を英訳した。

私はモリスと、ニューヨークで快適な日々を送っているころに出会った。三人の中では、金持ちにほど遠かったほかの二人と比べると、お金を持っていた。

翻訳は時間と労力がかかるが、たいした実入りにならない。『ハリー・ポッター』のようなベストセラーを訳せば別だが、翻訳で生計を立てるのはたいへんだ。だから他の二人は大学教授となった。モリスは父親が肉をパッケージする会社をシカゴで経営して儲《もう》けていたから、金があった。

モリスは身の回りを書画から女性まで、日本的なもので飾っていた。モリスの多くの妻の一人が日本女性だった。

モリスは早く死んだ。その直前に、遺作となった『高貴なる敗北《ノビリティ・オブ・フェイリア》』を上梓した。日本の英雄についての分厚い大作で、歴史上の人物を取り上げていた。吉田松陰《よしだしょういん》などが、日本的英雄の代表だった。日本的英雄は、敗北することの中に現われた。『高貴なる敗北』が究極の英雄像で、理想の日本的英雄は敗れなければならなかった。

自らの正義に従って、強大な相手に対峙して舞台に立ち、信念を貫いて滅んでゆく姿が、名声を高め、その賞賛を喚起する。モリスは日本人の美学、敗北を見出した。『高貴なる敗北《ノビリティ・オブ・フェイリア》』は、三島由紀夫が一九七〇（昭和四十五）年に自殺した後に、書き始められたが、三島の章はない。しかし、実はこの本は三島に捧げられていた。

三島は自殺する前に、ニューヨークにいたモリスに自筆の手紙を送っていた。

モリスがその手紙を受け取ったのは、三島が自殺をした直後だった。自殺したニュースが流れるのと時を同じくして、ニューヨークの自宅に三島の自筆の手紙が届いた。三島は、そのタイミングを演出して手紙を送ったのだ。

モリスの『高貴なる敗北《ノビリティ・オブ・フェイリア》』は、その一章を特定の歴史上の人物ではなく、特攻隊に割《さ》いている。モリスの記述は、深い洞察に満ちている。

十六、七歳の特攻隊員たちが、アメリカの巨大な艦船へ体当たりして散っていった。モリスは従前のものとして受け入れ、大義に殉じて散華《さんげ》する姿に、日本の美学と日本的英雄の姿を見た。

三島の自殺には、キーンも、サイデンステッカーも、衝撃を受けていた。だが、その魂を感じ取ったのは、モリスだけだった。その思いは『高貴なる敗北《ノビリティ・オブ・フェイリア》』としてまとめられた。三島について直接書いてはいないのは、あまりにも、生々しくて書けなかったからだ。だが「高貴なる敗北《ノビリティ・オブ・フェイリア》」は、三島の魂に呼応していた。

三人は、日本が世界から不可解《ミステリアス》に思われないようにという思いで、日本文学を英訳した。

夏目漱石《なつめそうせき》の小説を英語で読むと、日本も西洋もたいして違わないと、思える。人は洋の東西を問わず、似たようなものだ。違った環境や習慣もあるが、西洋人も日本人も、所詮は人間だ。

日本人が凶暴な野蛮人だと決めつけるような見方は、間違っている。戦場で女を強姦し、男を惨殺するという宣伝《プロパガンダ》は、誤っている。西洋人は日本人の本質を偏見を捨てて、理解しなければならない。

日本とアメリカの相互理解を促進するうえで、キーン、サイデンステッカー、モリスが果たした役割は、大きなものだった。

三人は一九五〇年代に日本文学を英訳することを始めた。それまで日本文学の本格的な英訳は、あまり行なわれてこなかった。ウェイリーが『源氏物語』を、翻訳していたぐらいで、ウェイリーは、三人にとっては偉大な先生筋に当たった。

サイデンステッカーは、『源氏物語』の訳者として有名だ。ウェイリーよりも上手く翻訳できる自信を持っていた。ウェイリーの英訳は、本人の解釈が入った抄訳のようなところがあった。サイデンステッカーは原文に忠実に訳すことに、力を注いだ。それでも、翻訳は難しい。一〇人が訳せば一〇通りの訳が生まれる。三人の英訳は、それぞれ見事なものだ。

モリスは、三島由紀夫の『金閣寺』を訳した。最後の四〇ページぐらいは、実によく書けていると思う。

キーンは日本に帰化し、サイデンステッカーはハワイのワイキキのアパートを引き払って、愛していた上野湯島《ゆしま》にマンションを買って、八十歳の生涯をとじた。二人は日本を知るうちに、日本人の和を尊ぶ心、公徳心の厚さ、美的感覚の鋭さに、惚《ほ》れ込んだのだった。

三人は、日本人よりも日本的だった。

3、日本で出会った人々

親戚の駐日大使に紹介された麻生和子《あそうかずこ》

私の母エリザベス・モーランドは、女子としてオックスフォード大学に初めて入学を許された女性だった。第一次大戦中に、孤児を世話する施設で働いていた。食事をさせたり、風呂に入れたり献身的に働いた。その後、オックスフォードに入学して、父と出会った。

母の従兄弟にオスカー・モーランド卿がいた。彼は一九六〇年代に、東京で駐日大使を務めていた。卿《サー》の称号は、大使となった時に授与された。ちょうど、私が『フィナンシャル・タイムズ』の東京特派員として来日したのと前後して、帰国した。

サー・オスカーは、プロの外交官だった。ここ三〇年ほどの外交官のように、直接商売に手を出したり、貿易に関わることをしなかった。

今日では、外交は商行為でもある。大使の仕事は輸出を伸ばすことだ。大使館は貿易額で評価される。

オスカーの時代では、商行為は低く扱われていた。

オスカーは私が東京に着いてホテル・オークラに宿泊していた時に、白洲次郎《しらすじろう》、麻生和子《あそうかずこ》などを紹介してくれた。

若い経済記者だった私は、日本の老人に紹介されて面喰《めんく》らった。有難いと思わなかった。若く、世間知らずだったから、そのような老人がどれほど価値があるか、無頓着だった。

駐日大使が自分の血縁の若い記者を、白洲に紹介することの意味が、よくわからなかった。麻生和子も同様で、私は面倒だと思って、出会いを活用しようと思わなかった。

和子は吉田茂《よしだしげる》と雪子《ゆきこ》の娘として、中国で生まれた。聖心女学院を卒業後、ローマの聖心女学院で学んだ後、ロンドン大学に留学した。母親の影響で、熱心なカトリック信者だった。実業家の麻生太賀吉《たかきち》と結婚し、子に麻生太郎《たろう》、故三笠宮寛仁親王《みかさのみやともひと》の信子《のぶこ》妃殿下がいる。

和子は母が亡くなると、ファーストレディー代わりとして吉田茂首相の外遊に随行した。サンフランシスコ講和会議にも同行した。

当時の私は、和子がお節介なオバサンだと思って、閉口した。和子は家を借りる手配をしたりしてくれた。有難く受け入れるべきだった。

日本外国特派員協会にも、大勢の若手記者がいる。長年日本に住んできた私に尋ねたり、助けを求めればよいのに、独力でやろうとする。だが、先輩の世話になるのも、人生の大事なあり方だ。

和子は魅力的で上品だった。上流社会の雰囲気を醸《かも》し出していた。日本にもイギリスと同じように上流社会がある。しかし当時の私にとっては、和子とお茶を飲んだり、パーティーに出るよりも、記事を書くほうが重要だと思った。

麻生太郎にも、何度か会った。彼の親しい友人のクリストファー・パーヴィスは、私の友人でもあった。いま、クリストファーはロンドンのジャパン・ソサエティー会長をしている。

私が見た素顔の白洲次郎

白洲次郎は一九一九（大正八）年に、神戸一中を卒業して、ケンブリッジ大学に留学した。卒業後は、父の白洲商店が倒産したため、帰国して英字新聞『ジャパン・アドバタイザー』の記者となった。その後、一九三七（昭和十二）年に、日本食糧工業（後の日本水産）の取締役となった。海外へ出ることが多く、吉田茂駐英大使の面識を得て、大使館を「定宿」とした。戦争末期に召集されたが免《まぬが》れ、吉田茂を中心とする反戦グループに加わった。

一九四五（昭和二十）年、吉田外相の懇願で、終戦連絡中央事務局の参与に就任し、GHQに「従順ならざる唯一の日本人」と言わしめたと、自慢していた。一九四八（昭和二十三）年、貿易庁初代長官となり、商工省を改組して通商産業省（現・経済産業省）を設立した。同年、日本製鐵広畑《ひろはた》製鉄所をイギリス企業に売却しようとしたが、永野重雄《ながのしげお》の反対で頓挫した。

一九五〇（昭和二十五）年、池田勇人《いけだはやと》蔵相、宮沢喜一《みやざわきいち》秘書官と渡米して、講和条約の準備を手伝った。翌年九月のサンフランシスコ講和会議は、全権団顧問として随行した。一九五四（昭和二十九）年九月まで外務省顧問を務め、その後は実業界に復帰し、東北電力会長に就任した。東北電力退任後は、大沢商会会長、大洋漁業、日本テレビ、ウォーバーグ証券（現USB）の役員、顧問を歴任した。

「俺はボランティアではない」というのが口癖で、金儲けに眼がなく、英国企業の日本進出を手助けし、成約金の五パーセントをロンドンの口座に振り込ませていた。生涯、豪奢《ごうしゃ》な生活をした背景に、こうした手数料収入があった。

私は白洲が傲慢で威張ってばかりいたから、好きにはなれなかった。自己顕示欲が強くて、いつも自慢話を言いふらしていた。

次郎は私が泊まっていたホテル・オークラに、黒い古いダイムラーに乗ってやってきた。ファッショナブルなクラシック・カーだ。私を乗せると、よく高級日本料亭へ案内した。

次郎は映画俳優のように男前で、流暢《りゆうちよう》なイギリス英語を、反《そ》り返って、まるで人を見下すように話した。自分が関心を持たない人物がそばに来ると、無視するようにそっぽを向いて、無礼な態度をとった。それでも、イギリス人の友人たちが、次郎の博覧強記ぶりは驚嘆に値すると、語っていた。

次郎は内幸町《うちさいわいちよう》にあったクリストファー・パーヴィスのオフィスにやってきた。イギリスの友人としてクリストファーとの関係を大切にしていたが、ソファに腰を掛けると、クリストファーの仕事にお構いなく、終日居座った。

次郎は軽井沢のゴルフ倶楽部の会長で、社交に利用していた。そこでも傲慢な態度をとっていた。ある日、クリストファーが約束の時間に五分遅れて倶楽部に着くと、次郎は体を震わせて怒った。だが、誰も次郎を批判できず、仕方ないと受け入れていた。

私も次郎と、何度も会った。銀座のマキシム・ド・パリで豪華な昼食に、妻のあき子とともに招かれたこともある。

次郎は金遣いが荒かった。そこが、彼の人生の悲劇だった。そこで、いつも国際ビジネスを漁《あさ》っていた。外国の関係者のあいだで、金《かね》に穢《きたな》いというもっぱらの評判だった。

次郎はイギリスの石油会社シェルの顧問をしていた。当時、ヨーロッパ経済界の大物だったジョン・ラウドンが間を取り持った。次郎はそうした人脈を持っていた。彼らを訪ねては、経済的な援助を頼んでいた。シェル石油の後に、S・G・ウォーバーグ投資銀行が次郎の経済的な後ろ盾となった。

ウォーバーグは、ユダヤ人だった。私もウォーバーグには、銀行家になるように勧められたことがあったが、ジャーナリストのほうが面白いと思って断わった。いま思うと、銀行家になっていれば、もっと優雅に暮らせていただろう。S・G・ウォーバーグ投資銀行は、十数年ほど飛ぶ鳥を落とす勢いだったが、その後、破綻した。

岸信介《きしのぶすけ》と安倍晋太郎《あべしんたろう》

安倍首相の祖父にあたる岸信介《きしのぶすけ》元首相の事務所は、有楽町にある外国特派員協会から近い、内幸町の日本石油のビルにあった。日本石油から事務所を提供されていたのだろう。私は岸とそこで会った。

満洲国で素晴らしい実績を達成していた岸に、私はどうしても会いたかった。

岸信介は小柄で、ゴルフ焼けをしていた。部屋の隅にゴルフバッグが置かれていた。岸は歴史的な人物だったが、自信に満ち溢《あふ》れたという印象ではなかった。

四五分の取材だった。歓談したが、歴史や政治について、語ろうとしなかった。私はそのありかたを尊重した。機密も知り得る立場だったし、会ってもらえただけで、光栄だった。声が低く、エネルギッシュではなかったが、もの静かに集中力をもって語った。真摯《しんし》で心を打たれた。

安倍首相の父の安倍晋太郎《しんたろう》に会ったのは、一九八二（昭和五十七）年、『ニューヨーク・タイムズ』東京支局長の時だった。中曽根康弘《なかそねやすひろ》が首相に選ばれる前で、電通が安倍晋太郎を次期首相とするために、ＰＲを請け負っていた。電通の社員が私を訪ねて来て、取材してほしいと懇願した。

一時間の取材だった。晴れ渡った夏の日に庭に出て、椅子に腰かけて、話を聞いた。語られたことに、まったく内容がなかった。

私が突っ込んで質問しなかったせいか、記事になる内容がなかった。私はニューヨークへ「安倍晋太郎は次の首相にはなり得ない。話が下手だ」と、伝えた。

数週間経って、電通から電話が入った。「記事をニューヨークにもう送られましたか」と尋ねたので、「いや、書いていない。何も記事になることを語らなかったので、書けなかった」と答えた。

社員は不満気な様子だった。私が適当に加筆し、補足してまとめてほしかったと言った。しかし、主張がまったく欠けていたから、加筆すらできなかった。私はでっちあげようと、思わなかった。そんなことは、許されることではなかった。

運をものにした中曽根康弘《なかそねやすひろ》

他方、中曽根康弘は運があった。アメリカのレーガン大統領、イギリスのサッチャー首相とトリオを組んで、八〇年代の世界を動かした。世界の歴史の大転換期に、リーダーとして存在感を示した。

ソ連を崩壊させ、それまで世界を二分していた共産主義の本山を消滅させてしまった。おそらくどういう結果がもたらされるかを、予期してはいなかった。

中曽根に初めて会ったのは一九六八（昭和四十三）年で、下田でのシンポジウムだった。のちに駐日大使となるマンスフィールドも来ていた。ホテルのバイキングで、中曽根と一緒になった。それ以来、しばしば顔を合わせた。まだ閣僚を経験しておらず、若手の保守政治家だった。

防衛庁長官になったのは、三島が自殺した七〇年だった。中曽根が実力を振るい、周囲が期待しはじめたのは、それからだった。

三島が他界した翌年に、日本外国特派員協会で講演している。私が中曽根を取材したのは、首相になってからだった。『ニューヨーク・タイムズ』記者として、二人の他社の記者と一緒だった。

中曽根に単独会見を申し出ることはしなかった。中曽根に対して偏見があったし、単独会見をして、応援したくなかった。

しかし、レーガン大統領、サッチャー首相、中曽根首相の三人は、社会主義勢力が崩壊する歴史の局面で、国際政治の舞台の頂点に立った。米ソ冷戦時代の終焉《しゅうえん》だった。

アメリカはベトナムで敗退して、力が次第に衰えてゆくとみられていた。七〇年代は、ソ連を頂点とする社会主義が、世界を席巻しようとしていたから、左翼に追い風が吹いていた。八〇年代に、まったく逆の方向へ吹き始めた。

レーガン、サッチャー、中曽根が自由主義世界のリーダーとして登場すると、世界は大転換した。三人はまるで世界の大転換を起こしたかのように、上手く立ち振る舞った。時代の風にうまく乗った。

ポーランドでは連帯を率いるワレサ議長が、台頭していた。共産主義者でないリーダーが、突如として労働組合を率いるようになった。

一九八九（平成元）年に〝ベルリンの壁〟が崩壊した。すべてが猛烈な速さで展開した。レーガン大統領もサッチャー首相も、まさかソ連邦が崩壊するとは思っていなかっただろう。中曽根首相もそういう意味で、強運の持ち主だった。幸運《ラッキー》だった。中曽根首相はその運気とともに仕事をした。

時代の風が吹いた。中曽根はその風を掴《つか》んだ。首相になったタイミング、在任期間が六年続いたこと、レーガン大統領とも「ロン・ヤス」とファーストネームで呼び合う関係をつくりあげたことも、中曽根の強運を物語っている。

終章　日本人は日本を見直そう

韓国がけっして日本に追いつけない理由

日本が韓国を併合したのは、日露戦争の五年後（一九一〇年）だった。日本は韓国を近代化するために、膨大な労力と費用を投入した。日本の努力はたいへんなものだった。義務教育、大学教育、医療、警察制度、軍隊まで、今日の韓国社会の基礎をつくった。

イギリスの植民地支配と異なって、日本は自国の持ち出しで、韓国を建設するために投資をした。

私の見解だが、韓国人は日本人の努力を受け入れた。日本の統治は欧米の植民地支配のように、人種的な優越感によるものではなかった。朝鮮人も同じ国民として処遇した。イギリスのインド統治と比較すると、インドでは白人が優越した。インド人に限らず、アジア人は劣等人間として扱われた。

イギリス統治では、植民地の人々に対する教育は否定され、まったく行なわれなかった。日本は台湾と朝鮮に、それぞれ帝国大学をつくった。イギリスの植民地には、大学が一つもなかった。いまでも、台湾、韓国では、帝国大学の延長である台湾大学とソウル大学が、最高教育機関となっている。

韓国は反日教育によって、日本へ反発を強めている。私が韓国を取材していた頃は、みながが日本に憧れ、日本を師として韓国が発展することを望んでいた。経営者は誰もが日本を手本にしていた。

サムスンの李健熙会長も、その一人だった。会長とは四〇年来の友人だ。私と同世代で、いまも現役だ。会長とその父が、韓国財界を牽引してきた。二人とも早稲田大学出身だった。

私が会った韓国政財界のトップは、全員が日本に憧れていた。

日韓にはポップ・カルチャーや、ポップ・ミュージック、ファッションなど交流しあえる分野がたくさんある。ソウルの街中でも、大規模な反日デモは起こっていない。職業活動家による小規模なデモが発生しても、それだけのことだ。「慰安婦」問題もそうだ。

韓国はエレクトロニクス、コミュニケーション分野で伸びて、世界で日本より売上げを伸ばしている。いくつかの分野では、日本より上をゆくものもあって、強気になっている。

「慰安婦」問題は、完全なナンセンスだ。なぜ「慰安婦」問題がこれほど俎上《そじょう》に上るのか、理解できない。「邪悪な日本」というものを設定し、それを宣伝するプロパガンダになっている。

韓国にはアメリカ軍を中心とする国連軍のための慰安婦が、大勢いる。日本男性のセックス・ツアーの相手をする女性たちは、外貨稼ぎのために、ホテルに自由に出入りできる身分証明書を、国が発行していた。

韓国は力をつけている。しかし東アジアの大国は、何といっても、日本、中国、インドだ。日本は韓国ともっとも親しい国であるはずだ。韓国は日本とよい関係を結ばないかぎり、いくら背伸びしてみても及ばない。

韓国人は劣等感を癒《いや》すために、日本を苛《いじ》めて、快哉《かいさい》を叫んでいるが、劣等感はネガティブなものだから、やがてはマイナスに作用する。そのうちに、日本という大切な財産を活用できなくなるだろう。

日韓、日中関係を歪《ゆが》めてきたのは、日本が卑屈になって、両国に不必要に腰をかがめてきたことが原因だ。

日本はこれほど古い歴史と、独自の精神を持っていたはずなのに、アメリカによってすっかり骨抜きにされてしまった。

東京から情報を発信しつづけて五〇年

私は新聞の申し子だ。しかし、私の半生のあいだに、新聞の凋落《ちょうらく》ぶりは甚《はなは》だしい。

二〇一三年、創業からわずか二〇年あまりのネット販売会社のアマゾンが、一四〇年の歴史を誇る名門新聞の『ワシントン・ポスト』を、買収した。一九八〇年代に『ワシントン・ポスト』の社主のキャサリン・グラハム夫人が来日した時は、日本の政財界があげて歓迎し、夫人はアメリカの女王のように振る舞ったものだった。

二〇一三年十月に、日本新聞協会による新聞大会が開かれ、例年のように五〇〇人あまりの新聞社幹部が参加したが、「無読化をくいとめるには」とか「無読化対策」という言葉が、飛びかった。

「無読化」は、最近になってつくられた独特な業界用語だ。日本でも新聞が必要ないとみなしている消費者が、急増している。

日本外国特派員協会の東京特派員で、一九六四（昭和三十九）年の東京オリンピックからずっと活動しつづけているジャーナリストは、ついに私ひとりとなった。

『フィナンシャル・タイムズ』は、素晴らしい経済紙だ。あらゆる世界の新聞の中で、記事の質は他紙をはるかに上回っている。金融・経済から芸術まで、その内容には定評がある。

オックスフォード大学の学生だった二十歳の時に、初めて『フィナンシャル・タイムズ』を読んで驚いた。この新聞は、他紙を凌《しの》いでいた。それも毎日だった。私は「ジャーナリストになりたい」、「『フィナンシャル・タイムズ』の一員となって働きたい」と思った。

『フィナンシャル・タイムズ』に就職すると、大学を出たばかりの新入社員なのに、いきなり大きな仕事が与えられた。ニューズ・ルームに配属され、四人で仕事をした。そこに、世界中からニュースが刻々と入ってきていた。

私は二十三歳だったと思うが、ニューズ・ルームでは何がニュースで、何がニュースでないか、取捨選択が行なわれた。

私の下に、世界中に派遣された二五人の特派員が働いていた。特派員から、刻々入ってくるニュースのどれを採用するか、私に裁量権が与えられていた。私がどの記事にどれくらい紙面を割くか、写真を掲載するかの決定を、ロンドン本社でしていた。

同僚はみなイギリス人だった。世界を四人で分けて、私はアジア、アフリカ、ラテン・

アメリカを担当した。これは実に恵まれた経験だった。
ほどなくして、私も海外へ特派員として派遣された。若い社員に世界を見させる方針だった。私は北アフリカのチェニジア、ポルトガルへ派遣された。ポルトガルでは、国際会議に出席する各国大臣を取材した。後にイギリス首相となったエドワード・ヒースも取材できた。

イギリスの田舎からきた若者が、後に首相となった閣僚のエドワード・ヒースと会っている。ロンドンでの都会生活すらしたことがない者が、上流社会《ハイ・ソサエティ》に出入りするという稀有《けう》の体験だった。

ジャーナリスト生活が始まったものの、実力が突出していたわけではない。しかし、一心不乱に取り組んだ。そうこうするうちに、東京へ派遣された。

これは運命だったのだろう。それから半世紀、東京特派員として、『フィナンシャル・タイムズ』紙、『エコノミスト』誌の東京特派員、また『ロンドン・タイムズ』紙、アメリカの『ニューヨーク・タイムズ』紙の東京支局長を務め、東京発の情報を世界に発信しつづけて、五〇年となってしまった。

すべてのジャーナリストが心に留めなければならないのは、テレビや新聞などのメディアが途方もない大きな力を持っていることだ。ジャーナリストや広告会社のプロは、そのことを体験している。

民主主義国は、横暴なジャーナリズムと、臆病な政治家たちによって運営されているといわれる。日本の政界で面と向かってメディアを叱ることができるのは、石原慎太郎《いしはらしんたろう》だけだ。

コラム記事や雑誌の記事で、テレビが新製品や新会社について、ほんのちょっとした一言を報じるだけで、世間の印象を左右できる。

新薬を例にしてみよう。まだ誰も試したことがない薬の効果を、人々はどうやって判断するか。広告も含めて、メディアの影響は、とてつもなく大きい。巨大な資金が動く。

私は報道の世界に魅力を感じ、その世界に入った。この世界で真実を報道するのは、実に難しい。

日本の敗戦後遺症と憲法問題

韓国の大手新聞社の論説委員が社説で、日本が原爆を投下されたのは、日本が犯した罪の報《むく》いだと書いた。とんでもないことだ。

アメリカも原爆投下を、正当化してきた。原爆投下が戦争を早期に終結させ、多くの人命が救われたというのはウソだ。戦争を早く終結するために、原爆を用いる必要はまったくなかった。

日本側にもおかしいことがある。どうして原爆を落とされた側が、「過ちは二度とおかしません」と誓わなくてはならないのか。謝罪すべきは、アメリカだ。東京裁判でのアメリカ人弁護人が抗弁したように、裁かれるべきは、アメリカだった。アメリカが原爆投下について、謝罪をしたことはない。

米国上院外交防衛委員会などでのマッカーサーの発言は、東京裁判が不正だったことを、マッカーサー本人が認めたものだ。

マッカーサーは朝鮮戦争を戦って、初めて日本が自衛戦争を戦ったことに、気づかされた。日本の主張が正しかったことがわかった。

ドイツは早い段階で、謝罪をしている。第二次大戦が終わると、謝罪することによって仕切り直して、戦後が始まった。なぜ、日本はドイツのように対応できなかったのだろうかという議論がある。

だがヒトラーのドイツは、全ヨーロッパを覇権のもとに置くために、征服戦争を戦った。日本は自衛のために追い詰められて、やむにやまれず立ち上がった。日本はマッカーサーが言ったように「自衛戦争」を戦ったのだったから、詫《わ》びる必要がなかった。ドイツはヒトラーがユダヤ人に対して犯した罪が明白だったので、謝罪しやすかった。そのために、ニュールンベルグ裁判も、短期間で結審した。

日本にとっては、史上初めての敗戦だった。どのように受け止めていいのか、わからなかった。しかし、敗戦から六八年の歳月が流れている。いい加減に敗戦後遺症から、脱却すべきだ。

日本国憲法原文の英文がある。占領下で憲法を強いたのは、国際法違反だ。マッカーサーはわずか一週間で憲法を作った。その作業にあたったスタッフには、憲法の専門家がいなかった。国連憲章などを参考にして、作文した。

日本国憲法は日本を弱体化し、二度と戦争を起こすことができない国にする降伏条約だ。憲法の前文は日本を絶対に再びアメリカに対して戦えない国として、誓約させた意図が、ありありだ。

スタッフのなかに無学な、若いユダヤ・ドイツ系の女性がいた。法律については、まったく無知だった。この一家は日本によってナチスの迫害から救われて、日本にやってきた。両親は音楽家だった。彼女はたった一人で、憲法草案の、女性の権利に関する条項を書くことを任せられた。

彼女、ベアテ・シロタは日本に対する大恩をそっちのけにして、日本の生活文化を破壊して、浅はかなものに置き換えたことを、晩年まで得意気に自慢した。

日本ほど、女性が恵まれている国はない。だから女性の平均寿命が、世界のどの国よりも高い。ベアテは占領軍に媚《こ》びて、日本の女性が男性から虐待されていると、偽った。

いま日本では、日本国憲法についての出版ブームが起きて、書店に関連本がたくさん並んでいる。日本国憲法は、日本人によって「平和憲法」と呼ばれているが、前文を冷静に読んでみれば、「属国条約」であることがよくわかる。

前文で約束させられていることは、「日本国民はその生存をアメリカに委《ゆだ》ねる」ということだ。

こうしたアメリカの保護領として日本の立場を変えさせないための枷《かせ》が、国会の三分の二以上の賛成を得ないと改正することができないとする第九十六条だ。

三島が市ヶ谷で生命を賭《と》して訴えたことは、「日本が魂を捨てて、アメリカの傭兵であり続けてしまったら、日本でなくなってしまう。日本が占領下で強要された憲法を護っている限り、独立できない」ということだ。

日本は自国の歴史と伝統のうえに立って、自主憲法を制定し、国軍を持つべきだ。日本がそれなくして独立国家となることなど、あり得ない《ノー・ウエイ》ことだ。しかし今日の多くの日本人が、それなしでもあり得る《イット・ダズ》と思っている。しかしそれは、あり得ない《イット・ダズント》、のだ。

欧米に不都合な「大東亜戦争」史観

今年は、大東亜会議七十周年にあたる。この会議の意義は、第七章でも述べたとおりだ。欧米では大東亜会議を、日本の〝占領下〟にあったアジアの「傀儡《パペット》」が集まったと決めつけている。だが、東京に日本が戦ったことによって、その後西洋から解放された有色人種の国々のリーダーが一堂に集ったというのは、歴史の事実だ。

インドがオブザーバーとして参加した。まだインドは独立しておらず、チャンドラ・ボースが、完全独立を目指す自由インド仮政府首班として参加した。マレーや、インドネシアは日本が占領していたが、まだ独立はしていなかったので、参加できなかった。インドネシアは一九四五年九月に、独立することになっていた。

「アジアを侵略した」とされる日本に、そうした国々の指導者が集った。日本が戦った目的に呼応しなかったとすれば、そのようなことは起きなかった。

日本の力を借りて、欧米の支配から独立しようという気運が、アジア諸国民のあいだで盛り上がった。このことは、「日本はアジア諸国を侵略した」という認識では、真実を理解することが不可能となる。


アジア諸国の欧米による植民地支配からの独立は、日本によって初めて可能となった。これは厳粛な真実だ。日本はアメリカによって不当な圧迫を蒙《こうむ》って、やむをえず対米戦争を戦ったが、アジア解放の理想を掲げた。明治維新は欧米の帝国主義によって、日本が植民地化しないために行なわれたが、アジアの解放はその延長だった。

はじめ欧米諸国は何が起こっているのかわからなかった。しかし、アジアの諸民族が自ら独立のために戦う決意をし、立ち上がったということが、明らかになってきた。

日本がアジアに進攻することがなかったなら、アジアはいまでも欧米の植民地のままだったろう。アメリカで黒人が大統領になるどころか、今でも黒人たちが惨《みじ》めな地位に喘《あえ》いでいたことだろう。


日本が大東亜戦争を戦ったことによって、大英帝国が滅びた。日本が大東亜戦争を戦わなかったら、いまでもアジア諸民族が、イギリスやフランス、オランダ、アメリカの支配を受けていた。

戦場は太平洋ばかりではなかった。日本が解放を目指した欧米の植民地はアジア全体に広がっていた。どうして「太平洋戦争」なのか。だから、日本は「太平洋戦争」と呼ばなかった。

日本が戦争を戦った真実を把握するには、「大アジア」を戦場として、アジア諸民族を搾取《さくしゅ》する植民地支配者であった欧米諸国と戦い、アジアを解放した「大東亜戦争史観」をもって見る必要がある。

アジアを蹂躙《じゅうりん》し、植民地支配をしたアメリカも、ヨーロッパ諸国も、「大東亜戦争史観」という観点から歴史を見られることだけは、決定的にまずい。日本が「太平洋戦争」を戦ったことにしておきたいのだ。

アジア独立に日本が果たした貢献を知られると、欧米の悪行があからさまになってしまうからだ。見せかけの正義が、崩壊してしまう。「大東亜戦争」という観点を持ち出されると、欧米の戦争の大義が崩壊し、実はアジアを侵略したのは欧米諸国であったことが、白日の下にさらされてしまう。

日本の立場が海外で理解されないのは、日本が効果的な発信をしていないからだ。日本の主張が、英語で発信されてこなかったことが大きい。そのかわりに、村山首相談話のような謝罪が行なわれてきた。これではまったく逆効果だった。

安倍晋三と将来の日本

安倍晋三首相は、父の安倍晋太郎と比べて、説得力がある。吉田首相以来、初めて二回首相を務めることになった安倍晋三の政治のスタイルは、祖父や父とまったく違う。なによりも安倍晋三には、運がある。実に運のいい男だ。

ナポレオンは「将軍に運があることが、すべてを決する」と言っている。世論を味方につけている。もちろん、敵対勢力は、安倍が失敗することを期待している。しかし、安倍晋三は失敗せず、いまのところ順風満帆だ。

私の息子の杉山ハリー（母の姓を名乗っている）は、地上波のテレビ各局の番組に出演し、FMラジオ局のJウェーブでも、番組を持っている。最近、日本外国特派員協会の機関誌『ナンバー・ワン・シンブン』に、自分について英語で記事を書いたが、このなかで安倍首相を応援していた。

これは、日本の多くの若者も安倍に好感を持っている証左だ。

私が安倍の父を取材した時、『ニューヨーク・タイムズ』本社も晋太郎に期待せず、次期首相として強いリーダーシップを持った中曽根康弘が登場した。あらためて、そのことを想い出す。

安倍首相は話題に富んでいるし、二〇二〇年のオリンピックの招致に成功するなど運が味方している。主張もハッキリとしていて、報道に値する材料を豊富に提供している。信念を自らの言葉で語っているように見受けられる。

安倍昭恵《あきえ》首相夫人も、生き生きとしている。妻を放し飼いにしているところも、女性に好感を持たれている。おもしろい夫婦だ。個性的な存在感がある夫人に恵まれていることも、強運の一つだろう。

高円宮《たかまどのみや》久子《ひさこ》妃殿下が、ブエノスアイレスのIOC総会で二〇二〇年のオリンピック招致のために見事なスピーチをされた。私は招致が決まった時に、お祝いのメッセージを、高円宮妃殿下にメールした。

これまで皇族がそのような場にお出ましになることは絶対になかった。宮内庁が皇室の「政治利用」だといって反対したのにかかわらず、内閣の要請によったものだが、安倍首相が皇族とともに、オリンピック招致の最終プレゼンテーションをする姿は、まさにオール・ジャパンを強く印象づけた。

安倍首相は、オリンピックの招致が決まり、GDPの数値が上昇し、消費税の増税を決断した。偉大な首相という評価を勝ち取れる条件を、満たしつつある。安定した経済の発展が約束されているように思われる。こういうことは、久し振りだ。息子のハリーは、「神様感謝します《サンク・ゴッド》」と繰り返して言った。ハリーは自分の小さな会社を立ち上げたばかりだったから、素直に感謝したのだろう。

安倍は「戦後レジーム」を終わらせようと、訴えてきた。このまま占領体制を続けてゆけば、日本が力を衰えさせて、消えてしまうことになる。政治家と作家とでは与えられた環境がまったく違うが、三島由紀夫の精神と、共通している。

解説

加瀬英明

著者のストークス氏は、私の多年の親しい友人である。

一九六四年に、イギリスの最も権威ある経済紙『フィナンシャル・タイムズ』の初代東京支局長を、二十六歳の若さでつとめた。

敏腕な記者として知られたために、六七年に『ロンドン・タイムズ』東京支局長として引き抜かれ、さらに七八年から『ニューヨーク・タイムズ』に移籍して、東京支局長としてだけでなく、アジア各地をひろく取材して活躍した。

三島由紀夫との親交によって、国際的に知られている。三島は一九七〇年に割腹自殺する直前に、ストークス氏に宛てて自筆の手紙を送っている。

東京に、外国特派員協会（プレスクラブ）がある。二〇〇〇人近い外国記者が、在籍している。ストークス氏は私より二歳年下だが、いまではクラブの最古参である。

読者は、ストークス氏の本書のなかの記述によって、目を大きく開かれる思いがしよう。私も多くを学んだ。

ストークス氏の母国であるイギリスは、アメリカと世界でもっとも親しい関係を結んでいるものの、読者は日本国民の一般的なアメリカ観と、イギリス人のアメリカ観の間に、大きな隔《へだ》たりがあることに、きっと驚かれることだろう。

著者は幼い時に、アメリカの戦車隊がヨーロッパ戦線に出動する途上で、郷里の町をはじめて通り抜けたのを、道端《みちばた》に立って、見た時に受けた衝撃を、次のように回想している。

「アイダホか、ユタか、アーカンソーか、どこから来たか知らないが、アメリカの若造が戦車でやって来て、まるで王であるかのように振る舞っていた。私はあの若造たちが浮かべていた笑みを、今でも鮮明に憶えている。彼らは意気揚々としていた」

「私は子どもとしてアメリカの戦車を見て、本能的にアメリカ軍がわれわれの国を支配するようになるのだと感じた。私たちが戦っていたドイツについてそう思ったのではなく、アメリカに対してそう直感した。そして今、アメリカは巨大な勢力となって、わが国イギリスをコントロールしている。実に不愉快なことだ」

著者も、私と同じように、親米であることに、変わりがない。しかし、日本の親米派は、アメリカの軍事力に日本の安全を委ねているために、アメリカの基地があっても、イギリス人のように、本能的な不快感を覚えることがない。

いつの間にか、日本人であることの誇りを忘れてしまっているからだ。

私はあらためて、独立国としての意識が希薄になったのは、戦後の日本国民を支配してきた、〝平和憲法幻想〟がもたらしたものだと思って、愕然《がくぜん》とした。日本は、いまだに多分に心理的に、アメリカの占領下にある。薬物中毒から立ち直れないような状況だ。

二〇一二年の三月十日に、東京大空襲六十七周年が巡ってきた。

東京スカイツリーがこの日に当たって、犠牲者を悼むために、一晩だけ、照明によって白一色にライトアップした。その日、地元民の有志が区内で「東京大空襲」の悲劇を訴える、手造りの創作劇を上演した。

著者は意気に感じて、これらの有志を応援するために、英文で紹介する資料を書いて、在京の外国記者に配布した。

幼年時代に、ドイツ空軍が郷里の町から遠いブリストルの市街を空襲して、夜空の底が無気味に紅に染まるのを、望見した著者は、本書で「東京ではあの暗く赤い雲が、何百倍となって空を染めた。その圧倒的な力は、私が見た焔の比ではなかったろう。アメリカは、そういうことをするのだ。圧倒的な戦力で、制圧するのだ」と、述べている。

著者は東京裁判を、裁いている。東京裁判が不正きわまるものだったと、憤っている。

そして、「公正という、われわれ（西洋）が高らかに掲げてきた美徳を、規範を、原則を葬り去って、裁判という名に値しない茶番劇」「フェア・プレーの精神を地に貶《おと》めて、欺瞞を貫いた」「裁かれるべきは、戦勝国側だった」と、断じている。

今日、靖国神社の境内に、インドのパル判事を顕彰して、銅板の胸像が設置されている。

パル判事は東京裁判において、ひとりだけ「日本無罪論」の判決書を提出したことで、日本において有名だ。ところが、海外ではパル判事とその判決書について、ほとんど知られていない。

だが、もし、パル判事が存在しなかったとすれば、日本において東京裁判が不法きわまるものだったという見方が、広まることがなかったはずである。

著者は東京裁判を論じるなかで、パル判事について、まったく言及していない。どうして、日本で東京裁判を批判する時に、かならずパル判事が取り上げられるのだろうか、訝《いぶか》らなければならない。

パル判事がいなかったとしても、東京裁判が邪《よこしま》な報復劇でしかなかったことは、明白であるはずだ。

この〝裁判〟で、日本は侵略国として裁かれたが、裁判が進行しているあいだに、イギリス、フランス、オランダの諸国軍が、日本が解放した旧植民地を、再び植民地として領有しようと企てて、侵略戦争を戦っていた。

アジア人は日本によって覚醒《かくせい》されていたから、独立を守るために立ち上がって勇敢に戦った。この事実一つだけとっても、東京裁判が不正きわまるものだったことが、わかる。

著者は、先の大戦の「戦勝国史観」は、歴史をあざむいており、日本は侵略国家ではなかったと、反論している。日本は数百年にわたった西洋による支配から、アジアを解放した「アジアの光だった」と、主張している。

いわゆる「南京大虐殺」や「慰安婦」問題についても、著者は日本がいわれのない非難を蒙《こうむ》っていることを、証している。

私は海外で講演することが多いが、南京事件、慰安婦問題について、日本から正しい情報が発信されることが、ほとんどないのに加えて、今日でも日本の一部の学校教科書に載っているために、外国人を説得することが難しい。

著者によると「戦勝国史観」は、有色人種を蔑視した白人優位主義から、発している。それなのに、日本国民の多くの者が、なぜ、そのような史観を信じているのか、説明に苦しんでいる。

白人は日本が先の大戦で、西洋の覇権を覆《くつがえ》すことによって、アジア・アフリカが解放されるまで、有色人種を人間以下の下等な存在として見下し、さげすんでいた。

それは、酷いものだった。トルーマン大統領は、広島、長崎に原爆を投下した直後に、笑みを浮かべながら、ホワイトハウスで閣僚に対して、「獣を相手にする時には、《ホエン・ユー・ハブ・ツウ・ディール・ウィズ・ア・ビースト、》獣として扱わなければならない《ユー・ハブ・ツウ・トリート・ヒム・アズ・ア・ビースト》」と発言したことが、記録されている。このような態度は、トルーマン大統領だけに限らず、欧米諸国民の圧倒的多数によって、共有されていたものだった。

著者は、日本がアジアを解放し、その高波がアフリカ大陸も洗って、今日の人種平等の世界が招き寄せられたが、日本が大戦を戦った結果として、人類史にまったく新しい時代がひらかれたと、指摘している。

ストークス氏は、全国の各地からしばしば講師として招かれているが、聴衆から「目から鱗《うろこ》が落ちた」「日本人として、自分を見直した」という声が、あがっている。

読者の多くが、本書によって戦勝国によって強いられた、歪んだ歴史観を正されることとなろう。この良書が、ひろく読まれることを、願いたい。

最後に、藤田裕行氏の優れた翻訳によって、本書が平易で、読み易いものになっている。労をねぎらいたい。

切りとり線

★読者のみなさまにお願い

この本をお読みになって、どんな感想をお持ちでしょうか。祥伝社のホームページから書評をお送りいただけたら、ありがたく存じます。今後の企画の参考にさせていただきます。また、次ページの原稿用紙を切り取り、左記まで郵送していただいても結構です。

お寄せいただいた書評は、ご了解のうえ新聞・雑誌などを通じて紹介させていただくこともあります。採用の場合は、特製図書カードを差しあげます。

なお、ご記入いただいたお名前、ご住所、ご連絡先等は、書評紹介の事前了解、謝礼のお届け以外の目的で利用することはありません。また、それらの情報を6カ月を越えて保管することもありません。

〒101-8701（お手紙は郵便番号だけで届きます）
祥伝社新書編集部
電話03（3265）2310
祥伝社ホームページ　http://www.shodensha.co.jp/bookreview/

★本書の購買動機（新聞名か雑誌名、あるいは○をつけてください）

＿＿＿＿新聞の広告を見て	＿＿＿＿誌の広告を見て	＿＿＿＿新聞の書評を見て	＿＿＿＿誌の書評を見て	書店で見かけて	知人のすすめで

★100字書評……英国人記者が見た連合国戦勝史観の虚妄

名前

住所

年齢

職業

ヘンリー・S・ストークス

1938年英国生まれ。61年オックスフォード大学修士課程修了後、62年フィナンシャル・タイムズ社入社。64年東京支局初代支局長、67年ザ・タイムズ東京支局長、78年ニューヨーク・タイムズ東京支局長を歴任。三島由紀夫と最も親しかった外国人記者としても知られる。著書に『三島由紀夫 生と死』(徳間書店)、『なぜアメリカは、対日戦争を仕掛けたのか』(祥伝社新書、加瀬英明氏との共著)。

英国人《えいこくじん》記者《きしゃ》が見《み》た連合国戦勝史観《れんごうこくせんしょうしかん》の虚妄《きよもう》

ヘンリー・S・ストークス

2013年12月10日　初版第1刷発行
2017年9月7日　第16刷発行

発行者……………辻　浩明
発行所……………祥伝社《しょうでんしゃ》
〒101-8701　東京都千代田区神田神保町3-3
電話　03(3265)2081(販売部)
電話　03(3265)2310(編集部)
電話　03(3265)3622(業務部)
ホームページ　http://www.shodensha.co.jp/

装丁者……………盛川和洋
印刷所……………萩原印刷
製本所……………ナショナル製本

Printed in Japan　ISBN978-4-396-11351-3　C0221

祥伝社新書
「世界の中の日本」を考える

加瀬英明
ジョン・レノンはなぜ神道に惹《ひ》かれたのか
日本人の精神性のルーツをたどる！
和を尊び、自然界と一体化する
日本人の考え方は、どこから来たか？

加瀬英明
ヘンリー・S・ストークス（元「ザ・タイムズ」「ニューヨーク・タイムズ」東京支局長）
なぜアメリカは、対日戦争を仕掛けたのか
ペリーがタネを蒔き、そしてマッカーサーが収穫した
ルーズベルトが周到に敷いた開戦へのレール
そうとも知らず和平を願い、独り芝居を演じる日本政府
その教訓から、今日、何を学ぶか？